# ゼロから学べる 道徳科 授業づくり

荒木 寿友 著

明治図書

# はじめに

## 道徳教育はうさんくさい？

　私は大学で「教育方法論」や「教育課程論」,「道徳教育論」といった教職科目を担当しています。それぞれの講義の初回はワークショップをしたりしてワイワイとやることが多いのですが,道徳教育論の初回時には必ず言うことがあります。
　「道徳教育をうさんくさく感じたことある？」
　国語科教育や社会科教育について,うさんくささを感じている学生なんてほとんどいないと思いますが（好き嫌いはあってもね）,道徳教育に限って言えば「うさんくささ」を感じている学生が多いこと（もちろん「楽しかった！」「ためになった！」って答える学生も一定数いますよ）。
　実は,私の道徳教育研究の出発点もここにありました。思い起こせば30数年前,道徳の授業で読む物語や映像資料に対して,「そんなにうまくいく話ないやん」,「なんで主人公はあえてトラブルになるようなやり方をするんだろう？　別の解決方法があるんじゃないの」と冷ややかな目で見ていた少年でした。中学生以降は,道徳の授業を受けた記憶そのものがほとんど残っていません。
　要は何が言いたいかというと,大学で道徳教育論を講義するということは,そもそも最初からかなり「斜に構えている学生」を相手にしなければならないということです。他の教職科

目にはない過酷さ！ マイナスからの出発です。だって，国語の先生になりたい人は，だいたい国語が好きで先生になろうとします。でも，道徳って「あー，なんか体育祭の準備とかに突然変わってた時間じゃないの？ 大事な授業なの？」程度の認識です。もしかしたら本書を手にとってくださった方々も，「うさんくせぇよな」「そもそもそんな授業いるの？」という想いがどこかにあるのかもしれません。

　本書の目的の一つは，多くの方が抱いている道徳教育についてのマイナスイメージを少しでも払拭することです。読み終わる頃には，「道徳教育について勘違いしてた！」とか，「道徳教育って意外に大切かもしれない」，「ちょっとやってみようかな」，なんて気持ちになっていれば幸いです。

## これまでの道徳教育のテキスト

　とはいうものの，道徳教育を学ぶテキストは比較的簡単に書いてあるといえども，やはり難しい。かくいう私も，これまでに大学の授業で用いることを目的とした道徳教育のテキストを書いたことが何度かありますが，研究論文と大きく変わらない書き方をしていました。教育学を専門的に学んでいる人にとっては（たぶん）読み応えのあるものになっていたとは思いますが，教育学を学び始めた人にとっては相当取っつきにくいものであったことは確かだと思います。

　そこで，徹底して平易に書いてみようというのが，本書の試みです。なんせタイトルが『ゼロから学べる』と銘打っていますもんね。

かつて井上ひさしさんは言いました。「むずかしいことをやさしく，やさしいことをふかく，ふかいことをおもしろく……」。本書は，通常は難しく語られる道徳教育をやさしく，そしてちょっとだけ深く，おもしろいかどうかは読者の皆様のご判断に任せるとして，そこに焦点を絞って書きました。

　この本のほとんどは，私が講義で話をしていることがベースになっています。そこからさらにエッセンスを取り出して，本当に大切なことに紙面を割いています。

　ですので，逆に言えば，バリバリやっている方からすれば物足りなさを感じるかもしれません。そういう方は私の研究論文の方に目を通していただければとても嬉しく思います。

　当たり前のことですが，本書を読むだけで道徳の授業づくりができるようになるわけではありません（そのためのポイントは書いてありますけどね）。ましてや，実践そのものが上手になるわけではありません。これらの力量を形成するためには，やってみることがなによりも大切になってきます。やってみること，この一歩を踏み出すことが授業上達のための最初の一歩になります。

　ところが，多くの先生は，この一歩を踏み出せずにいることも確かです。話をよくよく聞いてみると，道徳の授業をすることに対するいろいろな「恐れ」を感じているようです。

「間違ったことを教えちゃったらどうしよう」
「それは道徳じゃないねって管理職に言われたら嫌だなぁ」
「どうまとめたらいいのかわからない」
「子どもたちがあまり乗ってこないんだよなぁ」

## はじめに

　こういった道徳の授業に対する恐怖感って，実は「授業をしないための口実」だったりしませんか？

　間違ったことを教えてしまったら，他の授業と同じように，「ごめん，間違ってたわ」って別の機会にフォローすればいいだけですよね。

　「道徳じゃないね」って言われたら，「そうでしたか！　ご指導お願いします！」って言えばいいんです。

　教師がまとめることが難しければ，子どもたちと一緒にまとめればいいんです。無理にまとめなくても，いい場合もあります。

　子どもたちが乗ってこないとしても，そこまで気にしない。全ての授業で1時間中ずっと子どもたちはノリノリなわけないですよね。

　世界に誇る野球選手のイチローさんでさえ，当たり前ですが打率は10割ではありません。凡退することだってあります（むしろそっちの方が多いです）。野球と授業づくりを単純比較してはいけないと思いますが，授業がうまくいかないことだって普通にあります。私たちは所詮不完全・未完成の人間ですもの。

　大事なのは，やってみること。そしてそこからいろんなことを吸収して，次に活かしていくことです。道徳の授業がうまくいかなかったとしても，失職するわけではありません（笑）。

　気楽にいきましょう。

　と，前置きが少々長くなりました。ではこれから皆さんと，道徳教育の謎を解き明かしながら，授業づくりの旅へ出かけることにしましょう！

# 目　次

はじめに 2

## 第1章
## 道徳ってなに？

道徳教育って難しい？ 12

どうして道徳教育をするの？―道徳の起源― 14

道徳を教えるってどういうこと？ 16

慣習的な道徳と反省的な道徳 18

道徳教育の歴史 20

「きれいごと」を教えるの？ 22

子どもとともに成長する教師 24

 COLUMN　さあはじめよう！道徳授業 26

 COLUMN　道徳の授業は生徒と教師の「心のキャッチボール」 28

## 第2章
## 学習指導要領で道徳はどう扱われているか

道徳教育の目標 34

道徳性ってなに？ 38

内容項目にはなにが示してあるの？―道徳的価値項目― 42

道徳教育と「道徳の時間」（道徳科） 46

学校教育全体で取り組む―年間指導計画と別葉の作成― 48

 COLUMN　道徳の授業って楽しい！ 52

 ●道徳教育をより深く学ぶために 54

## 第3章
## これからの道徳教育

21世紀型能力と道徳教育 58

アクティブ・ラーニングと道徳教育 60

考え，議論する道徳 64

道徳教育における問題解決的な学習 70

自己肯定感と道徳教育 72

国際理解・愛国心と道徳教育 74

情報モラルと道徳教育 76

　　COLUMN　道徳って一体何なのか？ 78

## 第4章
## やってみよう！　道徳の授業づくり

ねらいの設定 84

発問の工夫 86

考え，議論する道徳の授業 88

授業の三要素を活かした授業づくり 90

指導案の書き方 92

指導の流れ 96

場面発問とテーマ発問 98

教師の「補助発問」で授業を深める 102

さまざまな教材で豊かに学ぶ 104

ワークシートのつくりかた 106

教材やねらいに応じた板書 108

評価の方法―個人内評価とポートフォリオ評価― 110

　　COLUMN　道徳教育とファシリテーショングラフィック 114

## 第5章
## さまざまな道徳教育

コールバーグ理論と道徳性の発達段階 120

モラルジレンマ授業 128

問題解決的な学習 132

モラルスキルトレーニング 136

構成的グループエンカウンター 138

ワークショップ型 140

対話への道徳教育 146

**COLUMN** 学級通信のミニ道徳―すぐそばにある「道徳」― 148

おわりに 151

参考文献 155

資料 158

＊各章における注は，章末にまとめて掲載しています

第 1 章
道徳ってなに？

　いよいよ道徳教育についての学びがスタートします。
　本章では、「道徳教育ってそもそもなに？」というところから話を始めていこうと考えています。私自身がそもそも論が大好きだから、というわけではなく（いや、まぁ好きなんですけどね）、物事を考えていくためには、やはり大前提とされているところを押さえておかないと、その後の話が噛み合わなくなる可能性があるからです。いわば、「道徳教育についての大前提を共通理解していきましょ」というのが、本章のねらいです。

　特に、道徳教育ってイメージで語られることが多いんですよね。飲み屋でおじさんたちが「わしが思うにー、道徳教育っつーのはなー」って語ってくれても全然いいんですが（むしろ飲み屋で語られることは

限りなくゼロでしょうね），イメージで語り続けると，とんでもない誤解を生むこともあります。

　やはりアカデミズムの超入門書（？）と位置付くこの本を読んでいくにあたっては，単にイメージで道徳教育を語ることから一歩抜き出て，「実はこうなんだ！」ということを確認してほしいと願っています。

　たとえば，他人を思いやる心って生まれつき持っているものだと思いますか？　本章を読めばわかります！

　ではでは，最初の「扉」をどうぞあけてください。

# 道徳教育って難しい?

「なんで道徳の勉強をするの?」

こんなことを子どもに聞かれたら,みなさんはどう答えますか? 「それはね,教えることになっているからだよ」なんて答える先生はいないと思いますが,こういった問いに答えることは案外難しいかもしれません。

国語や社会などを専門とする先生なら,その教科を学ぶ意味をおそらく教員養成の段階から考えてきたと思いますし,そのための授業(たとえば〇〇科授業概論など)も数多く準備されていたと思います。教育実習で自分の取得免許科目の授業を一際せずに免許を取得したという人は,おそらくいないでしょう。

ところが,道徳教育に至っては,教員免許法上は2単位(つまり半期15回の講義)しか準備されていません。しかも,教育実習先で道徳の授業を実践する実習生は全員ではありません。あまりにも扱いの差が激しいですね。

さらに言うと,これまで学校教育を受けてきた経験の中で,「道徳の時間」が好きだった,ためになったと感じている人もそこまで多くないことが調査の結果分かっています(平成25年東京学芸大調査)。教師になろうとしている学生は,比較的学校に好印象を持っている場合が多いのですが,それですらこの結果です。

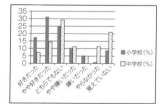

まぁ,そんなこんなで道徳教育

第1章 道徳ってなに？

がなんのためにあるのか、これまでの人生経験の中から答えを導き出そうとしてもなかなか難しいという一面が垣間見られたかと思います。

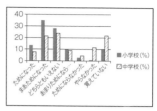

ところが、子どもの社会問題（たとえば学校の荒れやいじめなど）が報道等で大きく顕在化すると、「道徳教育を充実させよ」という声が聞こえてきます。今回の道徳教育の教科化にも、大津のいじめ事件が大きく影響を与えています（注1）。後ほど述べますが、**1958年に「道徳の時間」が特設**された背景にも、青少年の荒れが指摘されていました。

つまり、道徳教育は社会的な要請が高いにも関わらず、被教育体験としてはそれほど充実したものではなかったので、実際に道徳の授業を展開しようとすると、「あれ、どうやればいいのかわからんぞ」という事態になってしまうのです。

しかも、社会的な要請の中には、「規則をきちんと守ること、それこそが道徳教育だ」なんて言われたりする場合もあります。簡単にいってしまえば、いじめ加害者や荒れた子どもたちを、道徳教育で落ち着いた状況に持っていってほしいという要請ですね（本来それが道徳教育の目的ではないですし、子どもの荒れはもっと根深い問題を抱えている場合が多いです）。

教職に就いたことのある人ならわかると思いますが、一瞬で効果の出る教え方って、効果が消えるのも一瞬だったりします。じっくりと子どもたちに向き合うことが必要なのですが、やはり世間は即効性を要求してくるので、「一体何をすればいいんだ」と道徳教育をますます難しいものに感じさせてしまいます。

# どうして道徳教育をするの？
## ―道徳の起源―

　道徳を意味するmoral(モラル)の語源はmores(モレス)で，習俗や習慣という意味を持っています。実は倫理を表すethics(エシックス)も語源は同じです。習俗や習慣という意味から，次第に安定して生活するという「住処」，安定した場であるための「ルール」も表すようになってきました。もし私たちが誰も存在しない無人島でひっそりと生まれ，生活しているとすれば（独りで生まれること自体無理ですけどね），道徳は必要ありません。他人やモノなどが存在することによって，初めて道徳が必要になってきます。

　最近，文化人類学の研究や進化心理学の研究から，人間はなぜ利他行動（思いやりや優しさのある行動）をするのか，なぜ規則が生まれてきたのかという道徳の起源が明らかになりつつあります（C. ボームやJ. ハイトの著作参照）。生物としての私たちの根本にあるのは生存欲求，つまり生き延びるという欲求です。では生き延びるためにはどうすればいいでしょう？

　人間はさまざまな危機に直面した場合，独りで生きるよりも，他者と一緒にいた方が生存する確率が上昇します。ここにおいて，**他者と共に生きていくということが生存するための前提**となります。人間が争いを避けるのも，根本的には生存することと対極にあるからです。殺し合うよりも生き残れますもんね。

　他者と生きていくためには，食べ物を他者と分配しなければなりません。まさにこの食糧の分配において，**「公平性」「平等性」**ということが大切になってきます。特定の人がたくさん食

べて，他の人が食べられない状況は，集団で生存するという可能性を著しく低下させます。できるだけ多くの人が生き残るためには，公平に食糧を分配することが求められるのです。

　一方で，食べることは生きることと直結するので，当然ラクしてたくさん食べたいという「ズル」をする人も出てきます。こういった人物に対しては，場合によっては集団から排除されるという「ルール」が適用されます。集団からの排除は，当時は生存の対極にある「死」を意味しますので，**規則を遵守した方がいいという「良心」**が芽生えてきます。

　また生き延びていくということは，自分の世代だけではなく，次の世代へと命をつないでいくことも意味します。つまり，パートナーを得て子孫を残していくという選択です。この場合，自分が所属する集団の中でパートナーを見つける必要があるのですが，集団内でいろんな人に気に入られている方がパートナーを見つけやすいことにつながります。つまり，誰に対しても親切であった方が集団内での評価が高くなり，結果的にパートナーを選びやすくなる，すなわち命をつないでいく可能性が高くなるということです。ここにおいて，**「思いやりや親切」**という利他行動が生まれてきました。

　公平性や平等性，利他行動，規則を守る良心，こういった道徳の起源は，人間の長い歴史の中で私たちの脳にインプットされているといっても過言ではありません。これらをどう引き出して伸ばしていくかが，道徳教育に求められることなのかもしれません。

# 道徳を教えるって
# どういうこと？

　道徳を「教える」ってどういうことでしょう？　もしかしたら多くの人は「**しつけ**」と大きく変わらないと捉えているかもしれないですね。家庭におけるしつけも確かに道徳教育の一つといえるかもしれませんが，しつけの場合は，どちらかと言えば社会におけるルールやマナーを教え込むことが多いです。道徳教育というよりも，道徳トレーニングって言ったほうが適切かもしれません。日本の道徳教育は，この先述べていくことになりますが，**3つの諸様相（道徳的判断力，道徳的心情，道徳的実践意欲と態度）と4つの視点（自分自身，他人，集団や社会，生命や自然）**から成立しているので，ルールやマナーだけで道徳教育全てを網羅したとは言えないですし，教え込むことで道徳性が身についたと言い切ることができないともいえます。

　そこで，道徳を「教える」ってそもそもどういうことなのか，**哲学者のシェフラー（I, Scheffler）**の分析を参考にして考えてみましょう。彼は「教える」という言葉の意味を，刻印モデル，直観モデル，そして規則モデルの3つに分類しました。

〈**刻印モデル**〉

　刻印という言葉からイメージできるように，知識を一方的に教え込んでいくものとして描かれています。私たちが「教えた」って言葉を使うときに，一般的にはこのモデルが前提になっている場合が多いです。刻印モデルの背後には，人間の心は容器のようなものであり，そこにどんどん知識を蓄えこんでい

くという考えがあります。このような伝達と蓄積を主とする「教える」という考え方は，教師などに主眼が置かれているので，子どもたちが現実の中でそれを用いることができることを保証しませんし，子どもたちが伝達されたことを深く考えたり洞察したりすることがないという問題があります。

**〈直観モデル〉**

　直観モデルは，知識そのものの捉え方が刻印モデルとは全く異なります。知識は与えられるものではなく，洞察することによって自らの中に生成されていくものという立場に立っています。つまり子どもたちは現実の生活と照らし合わせて，自分の言葉でその知識の意味を考えることが求められるので，大人が「教える」こととしてできるのは，せいぜいそうするように促していくことだと考えられています。

**〈規則モデル〉**

　知識と現実とを照らし合わせて洞察していく際には，判断基準となるものが必要になってきます。つまり，なぜそれがよいといえるのか，なぜその考えが適切といえるのかということです。となると，ここにおいて「教える」とは，子どもたちが公平な判断ができるような原理を伝えることであったり，子どもとともによりよい社会を探究していくことになります。

　この分類に従って，道徳を教えるっていうことを改めて考えてみると，冒頭に示した「しつけ」は刻印モデルの考え方になります。直観モデルは批判的な思考は育成していきますが，なぜそれがよいといえるのか説明できません。やはり道徳を教えることを考えた場合，子どもたちが正しく判断できるように共に考えていくというスタンスが大切になってきます。

# 慣習的な道徳と反省的な道徳

　先程は道徳の起源を考えてみましたが，道徳をもう少し別の角度から検討してみましょう。

　集団で生活する方が，生き延びる可能性が高くなること，そしてみんなで生きるために**「ルール」**といわれるものが形成されることを先に述べました。そうです，このルールといわれるもの，これが道徳の一つになってきます。このルールは明文化されたもの（盗みの禁止など）もあれば，ルールとまではいかないけど守ったほうが気持ちよく生活できるもの（割り込みをしないや挨拶をしようなど）もありますし，暗黙のもの（武道ではガッツポーズをしませんよね）もあります。これらをまとめて，やや乱暴ですが**「規範」**と呼ぶことにしましょう。

　こういった規範は，私たちがその社会で長年生活してきた結果として形成されてきたものです。その社会あるいは共同体（コミュニティ）で生きていくためには，知っておいた方が当然いいですし，守るに越したことはありません。アメリカの教育学者**デューイ（J, Dewey）** はこのような規範を**「慣習的道徳」** と呼びました。慣習的道徳は，いわばその社会や共同体が安心安全な場であるために必要な道徳であるといえます。

　慣習的道徳は，私たちが生きている社会で伝達されてきたものですので，年長者が若い人たちに伝えていくことが主となります。たとえば，家庭における「しつけ」なんかはその代表格ですね。そして，日本と中国の慣習が異なるように，社会や共

同体の数だけ慣習的な道徳があることにもつながります。

　ところが,慣習的道徳だけでは不都合が生じてくる場合も出てきます。そうすることが当たり前と思っていたのに,「いやいやその当たり前じゃどうにもうまくいかないよ」という状況です。そうなると,より包括的な道徳を求めて新しい道徳をつくる必要性が出てきます。またしてもデューイの言葉を借りて,これを**「反省的道徳」**と呼ぶことにしましょう。

　たとえば,これまでの慣習的な道徳だと一部の人の権利が十分に守られていないので,その人達の権利が守られるようなよりよい道徳を考えていくことが反省的道徳です。

　あるいは,今までは○○という慣習の中で生きてきた私が,その慣習とは違う文化の中で生きてきた人と出会い,ともに生活をしていくためには,両者がよりよく生活できるための新たな規範が必要になってくるでしょう。その新たな規範を創出していくこと,それが反省的道徳です。ちなみにこの際に,どちらか一方が規範を決定してしまえば,その人の慣習的道徳を相手に強要するという「しつけ」とたいして変わらないものになり,主－従の関係になる場合もあります(夫婦間のトラブルの原因にもなりますね,自戒を込めて……)。

　慣習的な道徳を知ることなく,反省的道徳ができるわけではありません。なぜならばこれまでの道徳を批判的に検討することが,反省的道徳だからです。しかしながら,慣習的道徳だけに終始すれば,思考停止に陥りやすいという問題があります。

　慣習的な道徳に留まることなく,反省的道徳を視野に入れた道徳教育の展開,つまりそれが道徳科における「考える道徳」につながってくるのです(これについては第3章で!)。

# 道徳教育の歴史

　日本の公教育における道徳教育の歴史は意外に古く，明治政府の**「学制」**発布（1872年）において「修身口授(ぎょうぎのさとし)」として始まります。ところが，これは小学校低学年のみに設けられた科目で，教科書も欧米の翻訳本。教育課程全体の位置づけとしては非常に低いものでした。この時期の明治政府の教育政策は，欧米諸国に追いつくための実学に焦点が当てられていたからです。

　大きな転換を迎えたのが1880年の**「改正教育令」**でした。ここにおいて修身科は全ての教科の中でもっとも大事な筆頭教科になり，儒教精神に基づいた教育が展開されるようになりました（注2）。この背景には，当時日本各地で発生した一揆や激しさを増す自由民権運動に対する抑圧という側面もあります。当時の修身科の授業は完全な暗記型で，意味はわからなくても年齢を重ねればわかるという立場に立っていました。

　その後1890年に法制局長官井上毅(こわし)と儒教主義学者元田永孚(ながざね)によって**「教育ニ関スル勅語」**（教育勅語）が発布されました（この作成過程の壮絶な物語については八木公生氏の著作に詳しいので，ぜひ一読をお薦めします）。教育のあり方を示した教育勅語によって，日本の教育政策は天皇制国家主義教育へと向かうことになります。この教育勅語は，修身科にも大きな影響を与えました。具体的に言うと，教育勅語の中にある文言（孝悌，友愛，仁慈(じんじ)，尊王愛国など）が修身科の徳目として教えられることになったのです。要するに，修身科の授業で教育勅語を徹底的に教

えこむことがねらわれたのでした。

戦後1945年12月に軍国主義的，国家主義的な教育内容で構成されていた「修身，日本歴史及び地理」の停止（修身・日本歴史及び地理停止に関スル件）がGHQにより言い渡されました（正確にはその少し前に日本政府によって修身の廃止案が出ています）。そして1947年に設置された社会科をはじめとする全教科や学校教育全体の中で道徳教育が行われることになります（これを**「全面主義道徳教育」**といいます）。

ところが，社会科では十分な徳育ができないということ，1950年前後に戦後第一の少年非行の波があったことなどを受け，次第に道徳を独立した「教科」として扱う動きが出てきました。1950年の天野貞祐文部大臣が発した「修身科復活発言」は非常に有名です。この試みは結果的に頓挫しましたが，その後**1958年学習指導要領改訂**において「道徳の時間」が「特設」されることとなりました。これにより，**週に1時間，年間35回（小1は34回）の「道徳の時間」**が設置され，学校教育全体で道徳教育を展開する全面主義道徳を基本としながら，「道徳の時間」で**「補充，深化，統合」**していくことがねらわれました。

1997年の神戸連続児童殺傷事件（注3）などの少年犯罪は学校教育関係者に大きな衝撃を与え，文部省は「心の教育」の充実を図るようにします。この流れの中で誕生したのが『**心（こころ）のノート**』（2002年）です。これは2013年に『**私たち（わたしたち）の道徳**』に全面改定されました。

その後，道徳教育のより一層の充実ならびに質的転換を求めて，小学校では2018年度（中学校は2019年度）より**「特別の教科 道徳」（道徳科）**が完全実施される運びとなっています。

# 「きれいごと」を教えるの？

　道徳の読み物資料を読んだ感想には「そんなうまい話あるの」，「きれいにまとまっているなぁ」というものがあります。確かに読み物資料の多くは，ある特定の道徳的価値（たとえば「感謝」や「生命の尊さ」など）に焦点を当てて物語が作成されているので，その物語を読めば確かにそうなります。となると，結局，読み物資料に書いてある「きれいごと」を子どもたちに教えていくのが道徳の授業だと私たちが考えてしまうのも無理はないかもしれません。道徳的価値は，その名の通り道徳的によいとされるものなので，ある意味「きれいごと」です。

　でも，ちょっと待ってくださいね。こんな話を聞いたことはありませんか？ **「教科書を教える」**と**「教科書で教える」**の違いです。教科書を教えるという場合は，教科書に書いてあることが子どもにとっての直接的な学びの対象となるのに対して，教科書で教える場合は，より根本的な教育内容が別に設定されていて（「教科書で〇〇を教える」という意味です），それを学びの対象とするために教科書という一つの教材を用いるということです（注4）。

　これについては各教科において考え方がさまざまあるでしょうが，道徳の授業に限っていえば，冒頭に述べた「きれいごとを教える」授業（徳目主義タイプ）は，まさに「きれいごとが書いてある教科書（副読本）を教える」授業になってしまいがちです。「きれいごと」を検討することなくそのまま提示し理

解させる授業を「徳目主義」型授業と私たちは呼んでいますが、そうなってしまうと、「そんなこと知ってるし……」、「こう言えばいいんでしょ」という子どもたちの（学年が上がれば上がるほど）冷ややかな反応が返ってくる授業になってしまうかもしれませんし、その反応を見て教師も授業中に冷めてしまう事態になりかねません。できるだけ避けたい状況です。

　道徳の授業では、「教科書で○○を教える」（「教える」というよりも「考える」ですね）というスタンスを意識してもらいたいと考えています。○○に入るのは、学習指導要領で示されている内容項目、つまり道徳的価値です。第2章で詳しく述べますが、道徳の目標には、「道徳的価値に対する自覚を深めていくこと」があります。読み物資料に登場する人物の気持ちを理解することが目的ではありません（これだと国語の授業になってしまいます）。今回の学習指導要領の改訂において「読み物の登場人物の心情理解のみに偏った形式的な指導が行われる例がある」と指摘されたのは、まさにこの点なのです。

　道徳的価値について考えていく授業づくりに必要となってくるのが教材研究です。大切なのは、大前提として子どもたちの生活経験や実態を踏まえることです。その上で、①教材のどの部分に焦点を当てるのか、②子どもの経験との間にズレや対立、矛盾を生じさせるためにどういった発問が必要なのか、③教材の中での道徳的価値の扱われ方と、教師あるいは子どもたちが考える道徳的価値の解釈に違いはあるのか、④別の教材を準備することはできないか、といった視点から教材の分析をしてみましょう。こういった視点が、授業づくりに大きく関わってきます。

# 子どもとともに成長する教師

　私たち大人ってどこまで「立派な」人間でしょうか？　どれだけ完璧で立派な人間を目指しても，人間ですから失敗してしまうことだってあります。私自身（決して自慢できないですが），5歳の娘に「もぉー！」と言われることだってありますし，学生から「しっかりしてください」と言われることもあります。会議の時間を間違えてしまったり，書類を忘れたり……。一生懸命生きている以上，ミスや失敗はつきものです。

　でも，道徳を教えるとなると，なんだか話は別のような気がしてきませんか？　子どもたちに道徳を教えていく以上，自らが模範的にしっかりと態度で示さなければならない，なんてことがうっすらと脳裏をよぎったりします。でも，実際は「失敗もする教師としての私」もいるので，子どもたちに対して「自分のことを棚に上げて偉そうなこと言えないよなぁ」「自分が小中学生の頃って……」という感じで，道徳教育をためらってしまう，そんな教師がいることも確かです。2000年の**教育改革国民会議報告**では，「学校は道徳を教えることをためらわない」という提言がなされましたが，この背後にはこのような教師の道徳教育に対する消極的な態度も含まれていると思います。

　立派な先生像の起源は，1880年の『改正教育令』で示された「品行不正ナルモノハ教員タルコトヲ得ズ」に見られる**「聖職者」としての教師像**にまで遡ります。翌年1881年の「小学校教員心得」（全部で16の心得が示されました）では，教師は「常ニ己

カ身ヲ以テ之カ模範トナリ生徒ヲシテ徳性ニ薫染シ善行ニ感化セシメンコトヲ務ムヘシ」と記されました。この教師像が今でも，私たちの教師像に影響を与えているといえるでしょう（マスコミの教師バッシングはこの最たるものです）。

　もちろん，模範的な教師を否定するつもりはありませんし，やはりある程度は良識ある大人として子どもの前に立つ必要はあると思います。ただ，これからの道徳教育を考えた場合，すでにある道徳的価値の一側面を模範的な教師が模範として教えるだけではなく，さまざまな文化的背景を持った人による多種多様な解釈の可能性を含めて考えていく必要があります。新学習指導要領の言葉を借りれば，道徳的価値について「多面的・多角的に考える」ことが大切になってくるのです（これについては第2章で詳しく見ていきましょう）。

　あるべき○○像，あるいは理想的な価値は，子どもたちにとって今後の道標，あるいは判断の基準になるというよい一面がありますが，裏を返せばそれさえ目指しておけばいいんだ，それさえ守っておけばいいんだという**「思考停止」**をもたらしやすくなります。郷原信郎氏が『思考停止社会』の中でも述べていますが，○○像などが自己目的化してしまい，私たちはなぜそうなのかということを考えなくなるのです。思考停止した私たちが，よりよい未来を築いていけるとは到底思えません。

　子どもとともに，教師も道徳的価値について一緒に考えていくこと（教材研究がまさにそうですね），子どもたちの生活現実を踏まえながら道徳的価値に向き合うこと，そうやって子どもとともに悩み考えながら成長していくことが，よりよい未来の形成者としての教師につながると考えています。

## COLUMN
## さあはじめよう！道徳授業

　小学校に通う子どもにとって人生の半分は授業ですから，「授業がおもしろくない」ではなく，「授業が楽しい」と思ってほしいと考えています。さらに進化して最後は「自分のためになる」と思えれば，子どもたちはアクティブに動き出す。その姿を目指すにはやはり，授業力をあげていかなければなりません。

　私もはじめは「週一回の道徳の授業に力を入れるよりも，毎日進める算数や国語の授業に力を入れることの方が大切だ」と思っていました。これもたぶん間違いではないでしょう。しかし，自分が変化してきたと感じたのは，週一回の道徳の授業に力をいれて進めてきたころからです。気持ちを込めて「丁寧に」「熱く」「時間をかけて」進めてきました。

　進めていくうちに気付いたのは，「道徳の授業は特質が他教科と異なっているところがある」ということです。他教科はどちらかというと「教える」「指導する」という要素が強いといえます。学習指導要領にのっとって，ここまでは指導しておかないと，次につながらないということもあります。たとえば，かけ算を知っておかないと割り算につなげにくいですよね。だから２年生でかけ算を徹底して教えます。

　道徳にももちろん発達段階に合わせた内容項目があり，指導する面もありますが，違うのは，「子どもの本来持っているものを引き出す」という要素を大切にするということ。だから，ベテランで教科指導が上手な先生でも，道徳の授業では同じようにうまくいかないこともありますが，道徳の授業が上手な先生は教科指導

も上手に進めることができる人が多かったように思います。これは，全ては「子どもの本来持っているものを引き出す」という思いで進めることが大切であることを示しているのではないでしょうか。

ここに至るまでに道徳の授業でたくさんの失敗を繰り返してきました（といっても前向きに進みさえすれば，結果的には失敗はないのだけれど…）。「教える」「指導する」要素が強すぎたために，子どもたちの意見に耳を傾けるどころか，発言したことに対して「いやそういうことじゃなくてね…」と，まるで授業の「答え」がそこにあるかのような指導をしたこともあります。当時，そのことを指摘していただいたおかげで大事に至りませんでしたが，そのまま続けていたら，先生の「答え」を探す道徳の授業をし続けていたかもしれません。そう思うとゾッとします。

「本来持っているものを引き出す」ということに移行したときに，明らかに子どもたちに変化が起こりました。発言の数だけでなく，発言の内容が変わり，「へぇ」，「なるほど！」，「そんな風に考えることもできるね」と感心することが起こり始めました。そうなるともう道徳の授業だけでなく，どんな授業も楽しくて仕方がない。そして道徳の授業力が上がってくると今度はそれが生徒指導や人権教育への指導にも役立ってきました。

このような経験を振り返る中で，やはり道徳の授業の特質を理解し，指導技術を高めていくことが，授業力と指導力を高める一番の近道と感じます。さあ今から始めましょう！

京都市立桂川小学校教頭　　鎌田賢二

## COLUMN
## 道徳の授業は生徒と教師の「心のキャッチボール」

　初任の頃，実は道徳の授業が苦痛でした。教科に関しては，学生時代に模擬授業をしたり実習期間に研究授業をしたりして，ある程度は練習を積んでから教師になると思いますが，道徳の授業を，教壇に立つまでにする機会というのはほとんどないのではないでしょうか。

　最初の数回は，先輩教師に用意してもらった資料と指導案で何とかやってみたものの，時間が足りなかったり，逆に余り過ぎたり……。上手くいったという手応えを感じた試しがありませんでした。道徳の授業は，本当に教師の力量が問われる授業だと思います。昔の私にはそんな力がなかったのです。

　毎週の道徳を嫌々こなしていた私に，ついに，指導案を提供する役割が回ってきました。先輩から，「もうそろそろ何かやりたい授業を持ってきてみて」と言われたのです。インターネットや書籍を調べ上げて，どの先生でも実施しやすい指導案を準備しました。それを全てのクラスで各担任の先生にやってもらったわけですが，自分としてはいつも通り，これといって手応えも感じていませんでした。

　「うーん，今日もいまいちだったなぁ。やっぱり道徳の授業って難しい……」とそんな風に感じながら，生徒の書いた感想を読んでいた時のことでした。その先輩が「これ，見てみ」といって，先輩のクラスの生徒の感想用紙を差し出してくれたのです。そこには，こう書かれていました。

「今日の授業で、他の人の良い所を探しました。道徳の授業は、当たり前のことを教えられるものだと思っていたけど、こういうのもアリなんだと思いました。とても楽しかったです。また、こういう道徳の授業がしたいです。」

その感想文に、私と一緒に目を通しながら先輩が一言。
「自分の作った授業で、生徒が楽しんでくれるって嬉しいよな。」
そう言って、再び自分の仕事に戻られました。

悪い悪いと思いながら見ていると気付かないものですが、よく見れば、自分のクラスの感想にも、前向きなことを書いてくれている生徒が何人もいました。それに気付いた後は、道徳の授業をするのがちょっとだけ楽しみになっていきました。今では、校外の方が参観する中でおこなう研究授業が、毎年の楽しみの一つです。

教科の授業でもいえることですが、授業は、生徒と教師が共同でつくるものです。教師の側が楽しんでやっていれば、自ずと生徒も楽しんでくれるようになります。生徒に気付かされることもたくさんあります。教科の授業よりも心の深い部分に触れる道徳の授業は、まさに、生徒と教師の「心のキャッチボール」と言えるのではないでしょうか。

京都市立七条中学校教諭（道徳教育推進教師）　　慶徳和彰

(注1)
正式には「大津市中2いじめ自殺事件」と呼ばれています。2011年10月に同級生からのいじめを苦に，当時中学2年生だった少年が自殺しました。教育委員会の隠蔽，学校の対応などが批判され，この事件を契機にして2012年には「いじめ防止対策推進法」が可決され2013年に施行されました。

(注2)
儒教とは，孔子によって始められた思想を体系化したものです。中国をはじめとする主に東アジアに広まっています。仁，義，礼，智，信という五つの徳によって父子，君臣，夫婦，長幼，朋友といった関係を良好に保つことを教えています。

(注3)
1997年に神戸で当時14歳の少年が起こした連続殺傷事件。犯行声明文に「酒鬼薔薇聖斗」と書かれていたために，酒鬼薔薇聖斗事件とも呼ばれています。14歳の犯行，ならびに犯行内容が猟奇的であったため，当時大きな社会問題となりました。

(注4)
「教科書を教える」か，「教科書で教える」かについては，昔から議論されています。そしてそれは授業の展開方法にも関わってきます。たとえば「道徳の時間」の設置に大きく関与した勝部真長(みたけ)氏は，教科書（資料）で価値を学ばせて再び子どもたちの生活場面で応用するという「生活—資料—生活」を提唱しました。それに対して1960年代〜70年代に教科調査官（中学校）を務めた井上治郎氏は，資料そのものが子どもの生活に根ざしているべきだと「資料即生活論」を展開しました。だから「資料を教える」という立場になります。1970年代以降日本の道徳教育に大きな影響を与えた当時の小学校教科調査官青木孝頼氏も，戦後の生活指導的な道徳教育を批判し，資料を活かした道徳教育，つまり「資料即価値論」を展開しました。彼は道徳の時間では，徹底した道徳的価値の内面化をはかるべく「価値の一般化」を提唱しました。

# 第2章
# 学習指導要領で道徳はどう扱われているか

　さて，第2章では，新学習指導要領において，道徳教育はどのように位置づけられているのか，学校教育の中で何を育てようとしているのかについて学んでいきましょう。

　日本の教育は，学習指導要領によって規定されています。いわば，国の教育の方針が全て載っているのが，学習指導要領です。みなさんが当たり前のように使っていた教科書も，この学習指導要領に基づいて作成されています。となると，日本という国で教育活動をおこなおうとしている人は，学習指導要領になにが書いてあるのか，知っておく必要がありますね。

　「いやいや，私は海外で教育支援をやりたいんだ！」って考えてい

る人もいるかもしれません。私も実は,アジアで教育支援活動を細々と続けています。その国の教育を見るときに,なんとなく日本と違うなぁって感じるだけじゃなくて,教科でねらわれている目標がそもそも違うなとか,カリキュラムのつくりが違うなとか,日本を知っているからこそ語れることってあるんです(って,海外では宗教が国家に根付いているので,学校教育の中で道徳の授業ってあまりないんですけどね)。

道徳教育と「道徳の時間」(道徳科)ってなにが違うんでしょう?「え,一緒じゃないの?」そんなつぶやきが聞こえてきそうです!

第2章のはじまりです〜。

# 道徳教育の目標

　第1章では，とてもざっくりと学校教育で道徳を扱う意味を確認しました。ここではもう少し詳しく，新学習指導要領を中心に見ていきましょう。ちなみに学習指導要領とは，国が定めた教育の基準を示している文書です。簡単にいえば，ここに書いてあることを学校教育で確実に扱ってくださいねという国の教育方針を示したものです。さまざまな授業づくりのハウツー本が出ていますが（あっ，この本も…汗），まずは学習指導要領に何が書いてあるのか丁寧に押さえた方が，授業づくりの幅は間違いなく広がります。表現そのものはとっつきにくいですが，とても重要なことが書いてあるので，まずは学習指導要領を押さえていきましょう！

　2015年に教科化に合わせて一部改訂された新学習指導要領の第1章総則には，次のように**道徳教育の目標**が示してあります。

　「道徳教育は，教育基本法及び学校教育法に定められた教育の根本精神に基づき，自己（人間として）の生き方を考え，主体的な判断の下に行動し，自立した人間として他者と共によりよく生きるための基盤となる道徳性を養うことを目標とする。」（括弧内は中学校の表記。以下同様）

　壮大な目標ですね！　もっとも大切なのが**「他者と共によりよく生きるための基盤となる道徳性を養うこと」**という箇所。日本の道徳教育の目標は，**究極的には道徳性を養うこと**なんです。「じゃあ道徳性ってなに？」という問いが出てくるかもし

れませんが,それは後ほど考えていきましょう。

自分ってどんな人間なんだろうか? どういう生き方をしたらいいんだろうか? 自分らしさって何だろうか? そういったことを考えること,そして誰かに言われたから行動するのではなく,自分で考えた上で行動すること,これらを通じて,よりよい社会や集団を形成していこうとする,その基盤となる道徳性を育成するのが道徳教育の目標です。

第1章でも述べましたが,人間は独りで生きていくことを前提とした生き物ではありません。必ず他者が必要となってきます。その他者と,どうすれば良い関係を築くことができ,協働できるのかということを常に考えなければなりません。学校教育における道徳教育は,教科(国語や社会)の学びでも教科外(特別活動など)の学びにおいても,「他者と共によりよく生きる」という視点を忘れてはならないといえます。

では,週に1コマ設定されている「道徳の時間」(道徳科)では,子どもたちは何を目指して,どういう力を育んでいくのでしょうか? これについては学習指導要領第3章に示されています。

「第1章総則の第1の2に示す道徳教育の目標に基づき,よりよく生きるための基盤となる道徳性を養うため,道徳的諸価値についての理解を基に,自己を見つめ,物事を(広い視野から)多面的・多角的に考え,自己(人間として)の生き方についての考えを深める学習を通して,道徳的な判断力,心情,実践意欲と態度を育てる。」

頭に「?」が浮かびましたか。分解して見ていきましょう。

## ①道徳的諸価値についての理解

ここで押さえておくべきポイントは,まず価値の理解をベー

スにしてくださいよ，と述べてあることです。道徳的諸価値は，言葉を換えれば道徳で扱われる内容項目（思いやりや親切，社会正義など）のことです（これについても後ほど）。

では，価値を理解するってどういうことでしょう？　それは，その価値の本来の意味を理解すること，ならびに多方面から理解することが考えられます。私たちは物事を一面的にしか捉えていないことが往々にしてあります。たとえば「感謝」という価値項目が新学習指導要領には載っていますが，感謝ってそもそもなに？ということを考えることに加えて，「ありがとう」と言葉に出して言うこと，他者がいることで自分が生かされているなぁと感じることも感謝，ということを知ることも大切です。このように，価値の多様な捉え方を踏まえながらその意味を確認していくこと，それが道徳的価値の理解であるといえます。

## ②自己を見つめる

私たちは通常，自分の目線から世の中を見ます。その見方が果たして妥当なものであるのかどうかは，他者に指摘してもらうか，自分で確認するかの2通りしかありません。自己を見つめるというのは，自分の見方や考え方が妥当なものであるのか自分自身で確認するという行為です。ただ，これはとても難しい行為です。最近教育学の世界では，**「リフレクション」**という言葉がしきりに使われるようになりました。元々は「（鏡に）反射すること」，つまり，鏡に映った自分を見つめ，未来に向かって調整していくことがリフレクションの意味するところです。

自分を見つめることは，自分の良いところだけでなく，嫌なところも見ることになります。ここで気をつけたいのが，嫌なところ（改善点）だけを見つめさせて，自分嫌いにさせないよ

うにすること，あるいは良いところだけに目を向けて，嫌なところには蓋(ふた)をする見方です。自分は唯一無二の存在で，自分は自分であっても大丈夫という**「自己肯定感」**を育んでいけるような自己の見つめ方をサポートしていく必要があります。

このような「自己を見つめる」という行為が，目標の後半に記してある「自己（人間として）の生き方についての考えを深める学習」に結びついていくことがねらわれているのです。

### ③（広い視野から）多面的・多角的に考える

これは，先の価値理解にも通じます。多面的とは，一つの側面ではなくさまざまな側面からある事象を捉えてみるということです。上から見たら円形だけど，側面から見たら長方形で，斜め側面から見たら円柱，そういったものの見方が多面的な見方です。道徳的価値に当てはめれば，平和という価値について日本人が考える平和もあれば，中東の人が捉える平和もあり，難民の方にとっての平和もあります。平和をさまざまな側面から捉えること，これが多面的に価値を考えるという意味です。

一方，多角的とは一つの点から多方向に線が出ているような状態です。一つの企業がさまざまな分野の仕事を経営していくことを多角経営っていいますよね。つまり，ある事象について自分自身の見方を多様にしていくことを意味します。

多面的に考えるためには他者が必要となり，それを踏まえて自分自身で多角的に物事を捉えることが可能になってきます。そのためには，自分とは異なる多様な他者の意見がまず必要になってくるのです。

### ④道徳的な判断力，心情，実践意欲と態度を育てる

これについては次節で見ていきましょう。

# 道徳性ってなに？

　道徳性をどう捉えるかによって，道徳教育の中身，つまりどこに力点を置くかが異なってきます。ここでは日本の道徳性と海外の道徳教育理論から道徳性を見ていきましょう。

　2015年に一部改訂された日本の学習指導要領の『解説』には次のように道徳性の定義がしてあります。

> 　道徳性とは，人間としてよりよく生きようとする人格的特性であり，道徳性を構成する諸様相である道徳的判断力，道徳的心情，道徳的実践意欲と態度を養うことを求めている。

　理解できるような，できないような……。一つひとつ見ていきましょう。

〈道徳的判断力〉

　道徳的判断力とは，道徳的な基準に従って判断を下すことです。これっていいこと？　悪いこと？　この判断を下す際には，判断の基準となるものが必要です。「以前にこれをやって褒められたから今回もやろう」というのも一つの判断基準ですし，「相手が喜んでくれるだろうな」というのも判断基準になりますね。どういう判断を下すかというのは，その後の道徳的な行為に直結してきますので，とても大事な要素ということができます。大切なのは，この判断基準をブレの少ない確固としたものにしていくことだといえます。

### 〈道徳的心情〉

　道徳的心情は「道徳的価値の大切さを感じ取り，善を行うことを喜び，悪を憎む感情のこと」と定義されています。感動や共感などを想像すると理解しやすいでしょう。これは，道徳的な振る舞いをする際の動機づけとして位置づけられています。

　みなさんはこんな経験をしたこともあるかもしれません。「わかっちゃいるけどやめられない」って経験です。つまり悪いことだって判断はしているけど，行為が伴っていないという経験ですね。道徳的心情を重視する立場からは，これには動機づけとしての気持ち（心情）が足りないからだと指摘します。よって，感動教材などを用いて心情を重視した道徳教育が展開されることになります。

　確かにこのように捉えられるかもしれませんが，同時に疑問も残ります。なぜなら感動って一過性のものだからです。はるか昔の良い感動や悪い感動を色褪せずそのままの状態で頭の中に保存しておくなんて不可能です（辛さを覚えておくより，喜びも含めて忘れた方が生命維持には適しています。でないと辛くて死んじゃいます）。一過性ならどんどん感動させればいいじゃないかという道徳教育に対して，松下良平氏はそれを「ロケットモデル」，つまりロケットが浮き上がるためには燃料というエネルギーが必要なように，道徳的行為へと移されるためには感動というエネルギーが必要であるとする「心情主義道徳教育」を批判的に論じています。

　感動することも道徳教育においては大切なことであると思いますが，感動しなければ行為できないという状態はやはり問題があるといえます。大事なのは心情に左右されない判断力を身

につけることだと個人的には考えています。それが判断と行為を一致させることにつながるのではないでしょうか。

〈道徳的実践意欲と態度〉

道徳的実践意欲と態度とは,「道徳的判断力や道徳的心情によって価値があるとされた行動をとろうとする傾向性を意味する」と解説において定義されています。つまり,自分が選んだ道徳的な行為をぜひともやりたい！実現したい！というやる気のこと。心情的な要素でもりもりと動機づけられて,最終的にえいっと背中を押してくれる,そんな感じで理解してもらえればと思います。意志の力と考えてもいいですね。ただし,実際に行為する「道徳的実践」とは異なります。

意欲や態度は他の教科でも重要視されていますし,私たちが学ぼうとしているときには,学びを実現していこうとする意欲などが背後にあることが考えられます。ただし,こういったことを呼び覚ますような授業づくりをしない中で「あの子らには意欲がないわ！」と勘違いすることだけは避けなければなりません。道徳的な行為をしてみたいと子どもが感じる授業づくりがあくまで前提になっています。

前節の道徳教育の目標と関連させると,結局のところ,日本の道徳教育（特に「道徳科」）はこの３つの要相からなる道徳性を育んでいくことがねらわれているのです。

では,海外の道徳教育理論では道徳性はどのように定義されているのでしょうか？　ここでは２つの代表的な理論を示します。

道徳性とは,「正義に関する判断である」と定義したのが,**コールバーグ（L. Kohlberg）**というアメリカの道徳性心理学者です。タロットカードに書いてある正義の図柄を見たこと

はありますか？　右手に剣，左手に天秤，そして相手の風貌などに左右されないように目隠しがしてあります。つまり，いろいろな要求や主張のバランスを取りながら偏見なく裁断を下すというのが正義の意味です。私たちが正義と聞くと悪を懲らしめるという戦隊モノ（正義の味方）のイメージが強いのですが，公平公正な判断を下すというのが，正義のそもそもの意味なんです。

　コールバーグはこの正義に関する判断が発達していくとして道徳性の発達段階を提示し，道徳性を発達させる教育方法を展開しました（これについては第5章で詳しく見ていきますね）。

　一方で，心理学者の**ギリガン（C. Gilligan）**や倫理学者の**ノディングス（N. Noddings）**は道徳性にはケアや思いやりの側面があることを指摘しました。公正公平なんてそんな割り切り方はできない，目の前の親しい人のために何かしてあげたい，そういう道徳性もあるというのが，彼女らの主張です。たとえばマザー・テレサが「世界平和のためにできることはなにか？」と聞かれて，「家族を愛しなさい」と応えたのは，まさに身近な人を思いやるケアの道徳だと考えられます。

　コールバーグの道徳性の捉え方は，具体的な人間関係から徐々に普遍的な公平性を目指していくという発達のモデルですが，ギリガンらの場合は，具体的な人間関係においてどれだけ相手に没入することができるかということに焦点を当てています。全然違いますね。私たちはこの両者の道徳性を併せ持って生活しています。公平な判断を迫られる時もありますし，相手に対して思いやりを持って接しないといけない時もあります。この両者をいかにして育んでいくかが道徳教育の課題になります。

# 内容項目にはなにが示してあるの?
## ―道徳的価値項目―

　新学習指導要領には，道徳科で扱うべき価値項目を内容項目として示しています。**小学校低学年は19項目，中学年は20項目，小学校高学年と中学校は22項目で構成**されています。さすがに全ての内容項目を一つひとつ解説していくわけにはいかないので，次々ページに一覧表を載せておきます。具体的になにが扱われているか確認してくださいね（ちなみに『解説』では全ての内容項目が説明されています）。

　新学習指導要領を見てみると，内容項目は**4つの視点**から構成されていることがわかります。

　A　主として自分自身に関すること
　B　主として人との関わりに関すること
　C　主として集団や社会との関わりに関すること
　D　主として生命や自然，崇高なものとの関わりに関すること

　以前の学習指導要領ではA～Dではなく1～4という表記で，かつCとDの順序が逆でした。今Dで扱われている「生命や自然，崇高なもの」が，かつては3だったんです。今後の新学習指導要領では，自分自身のこと（A）から始まって，他者（B），集団や社会（C），そして生命や自然，崇高なもの（D）という同心円的拡大のように発展していく形で，道徳的価値の配列がおこなわれています。とはいえ，AからDへと順序を追って授業で扱われなければならないとされているわけではないので，子どもたちの実態に合わせて扱う項目を決めてよさそう

です。

　授業を展開していく際には、**「関連性」**を大切にすることが求められています。各内容項目がバラバラに扱われるのではなく、たとえば「個性の伸長」で自分らしさに気づかせる取り組みをした後に、「勤労」で自分に合ったキャリア形成を考えていくような展開にするなど工夫をすることが大切になってきます。

　また**「発展性」**も考慮するように求められています。内容項目は19〜22項目ありますが、**年間授業数は35コマ**（小学1年生は34コマ）ですので、重複して扱う項目も出てきます。その際に、たとえば「公正、公平、社会正義」の項目で、前回は公正について扱ったから、今回は社会正義を阻害する要因となる偏見や差別について扱うということも可能です。また、小中学校を通じて、A〜Dの視点は変わらずあるわけですから、これまでに扱われた具体的内容を踏まえて今後の授業内容を考えていくことも大切になってきますね。

　注意すべきは、こういった内容項目をそのまま子どもたちに伝えてしまう授業にならないようにすることです。それは「徳目主義」と呼ばれるもので、「こう答えたらいいんでしょ」という紋切り型の発言しか子どもはしなくなります。

　実は多くの子どもたちは生活経験の中で、「さぼりはダメ」とか「親切にしよう」っていう道徳的価値についてすでに知っています。子どもたちがわからないのは、「本当の親切ってどういうこと？」とか、「ダメとわかっているけどやってしまうのはなぜ？」ということなんです。道徳の授業で扱うべきところはまさにそこで、扱うべき内容項目を一つのテーマとして子どもたちと深く考えていくことが求められています。

| | 小学校第1学年及び第2学年 (19) | 小学校第3学年及び第4学年 (20) |
|---|---|---|
| **A 主として自分自身に関すること** | | |
| 善悪の判断,<br>自律,自由と責任 | (1) よいことと悪いこととの区別をし,よいと思うことを進んで行うこと。 | (1) 正しいと判断したことは,自信をもって行うこと。 |
| 正直,誠実 | (2) うそをついたりごまかしをしたりしないで,素直に伸び伸びと生活すること。 | (2) 過ちは素直に改め,正直に明るい心で生活すること。 |
| 節度,節制 | (3) 健康や安全に気を付け,物や金銭を大切にし,身の回りを整え,わがままをしないで,規則正しい生活をすること。 | (3) 自分でできることは自分でやり,安全に気を付け,よく考えて行動し,節度のある生活をすること。 |
| 個性の伸長 | (4) 自分の特徴に気付くこと。 | (4) 自分の特徴に気付き,長所を伸ばすこと。 |
| 希望と勇気,<br>努力と強い意志 | (5) 自分のやるべき勉強や仕事をしっかり行うこと。 | (5) 自分でやろうと決めた目標に向かって,強い意志をもち,粘り強くやり抜くこと。 |
| 真理の探究 | | |
| **B 主として人との関わりに関すること** | | |
| 親切,思いやり | (6) 身近にいる人に温かい心で接し,親切にすること。 | (6) 相手のことを思いやり,進んで親切にすること。 |
| 感謝 | (7) 家族など日頃世話になっている人々に感謝すること。 | (7) 家族など生活を支えてくれている人々や現在の生活を築いてくれた高齢者に,尊敬と感謝の気持ちをもって接すること。 |
| 礼儀 | (8) 気持ちのよい挨拶,言葉遣い,動作などに心掛けて,明るく接すること。 | (8) 礼儀の大切さを知り,誰に対しても真心をもって接すること。 |
| 友情,信頼 | (9) 友達と仲よくし,助け合うこと。 | (9) 友達と互いに理解し,信頼し,助け合うこと。 |
| 相互理解,寛容 | | (10) 自分の考えや意見を相手に伝えるとともに,相手のことを理解し,自分と異なる意見も大切にすること。 |
| **C 主として集団や社会との関わりに関すること** | | |
| 規則の尊重 | (10) 約束やきまりを守り,みんなが使う物を大切にすること。 | (11) 約束や社会のきまりの意義を理解し,それらを守ること。 |
| 公正,公平,社会正義 | (11) 自分の好き嫌いにとらわれないで接すること。 | (12) 誰に対しても分け隔てをせず,公正,公平な態度で接すること。 |
| 勤労,公共の精神 | (12) 働くことのよさを知り,みんなのために働くこと。 | (13) 働くことの大切さを知り,進んでみんなのために働くこと。 |
| 家族愛,<br>家庭生活の充実 | (13) 父母,祖父母を敬愛し,進んで家の手伝いなどをして,家族の役に立つこと。 | (14) 父母,祖父母を敬愛し,家族みんなで協力し合って楽しい家庭をつくること。 |
| よりよい学校生活,<br>集団生活の充実 | (14) 先生を敬愛し,学校の人々に親しんで,学級や学校の生活を楽しくすること。 | (15) 先生や学校の人々を敬愛し,みんなで協力し合って楽しい学級や学校をつくること。 |
| 伝統と文化の尊重,<br>国や郷土を愛する態度 | (15) 我が国や郷土の文化や生活に親しみ,愛着をもつこと。 | (16) 我が国や郷土の伝統と文化を大切にし,国や郷土を愛する心をもつこと。 |
| 国際理解,国際親善 | (16) 他国の人々や文化に親しむこと。 | (17) 他国の人々や文化に親しみ,関心をもつこと。 |
| **D 主として生命や自然,崇高なものとの関わりに関すること** | | |
| 生命の尊さ | (17) 生きることのすばらしさを知り,生命を大切にすること。 | (18) 生命の尊さを知り,生命あるものを大切にすること。 |
| 自然愛護 | (18) 身近な自然に親しみ,動植物に優しい心で接すること。 | (19) 自然のすばらしさや不思議さを感じ取り,自然や動植物を大切にすること。 |
| 感動,畏敬の念 | (19) 美しいものに触れ,すがすがしい心をもつこと。 | (20) 美しいものや気高いものに感動する心をもつこと。 |
| よりよく生きる喜び | | |

## 第2章　学習指導要領で道徳はどう扱われているか

| 小学校第5学年及び第6学年（22） | 中学校（22） | |
|---|---|---|
| **A 主として自分自身に関すること** | | |
| （1）自由を大切にし、自律的に判断し、責任のある行動をすること。 | （1）自律の精神を重んじ、自主的に考え、判断し、誠実に実行してその結果に責任をもつこと。 | 自主、自律、自由と責任 |
| （2）誠実に、明るい心で生活すること。 | | |
| （3）安全に気を付けることや、生活習慣の大切さについて理解し、自分の生活を見直し、節度を守り節制に心掛けること。 | （2）望ましい生活習慣を身に付け、心身の健康の増進を図り、節度を守り節制に心掛け、安全で調和のある生活をすること。 | 節度、節制 |
| （4）自分の特徴を知って、短所を改め長所を伸ばすこと。 | （3）自己を見つめ、自己の向上を図るとともに、個性を伸ばして充実した生き方を追求すること。 | 個性の伸長 |
| （5）より高い目標を立て、希望と勇気をもち、困難があってもくじけずに努力して物事をやり抜くこと。 | （4）より高い目標を設定し、その達成を目指し、希望と勇気をもち、困難や失敗を乗り越えて着実にやり遂げること。 | 希望と勇気、克己と強い意志 |
| （6）真理を大切にし、物事を探究しようとする心をもつこと。 | （5）真実を大切にし、真理を探究して新しいものを生み出そうと努めること。 | 真理の探究、創造 |
| **B 主として人との関わりに関すること** | | |
| （7）誰に対しても思いやりの心をもち、相手の立場に立って親切にすること | （6）思いやりの心をもって人と接するとともに、家族などの支えや多くの人々の善意により日々の生活や現在の自分があることに感謝し、進んでそれに応え、人間愛の精神を深めること。 | 思いやり、感謝 |
| （8）日々の生活が家族や過去からの多くの人々の支え合いや助け合いで成り立っていることに感謝し、それに応えること。 | | |
| （9）時と場をわきまえて、礼儀正しく真心をもって接すること。 | （7）礼儀の意義を理解し、時と場に応じた適切な言動をとること。 | 礼儀 |
| （10）友達と互いに信頼し、学び合って友情を深め、異性についても理解しながら、人間関係を築いていくこと。 | （8）友情の尊さを理解して心から信頼できる友達をもち、互いに励まし合い、高め合うとともに、異性についての理解を深め、悩みや葛藤も経験しながら人間関係を深めていくこと。 | 友情、信頼 |
| （11）自分の考えや意見を相手に伝えるとともに、謙虚な心をもち、広い心で自分と異なる意見や立場を尊重すること。 | （9）自分の考えや意見を相手に伝えるとともに、それぞれの個性や立場を尊重し、いろいろなものの見方や考え方があることを理解し、寛容の心をもって謙虚に他に学び、自らを高めていくこと。 | 相互理解、寛容 |
| **C 主として集団や社会との関わりに関すること** | | |
| （12）法やきまりの意義を理解した上で進んでそれらを守り、自他の権利を大切にし、義務を果たすこと。 | （10）法やきまりの意義を理解し、それらを進んで守るとともに、そのよりよい在り方について考え、自他の権利を大切にし、義務を果たして、規律ある安定した社会の実現に努めること。 | 遵法精神、公徳心 |
| （13）誰に対しても差別をすることや偏見をもつことなく、公正、公平な態度で接し、正義の実現に努めること。 | （11）正義と公正を重んじ、誰に対しても公平に接し、差別や偏見のない社会の実現に努めること。 | 公正、公平、社会正義 |
| （14）働くことや社会に奉仕することの充実感を味わうとともに、その意義を理解し、公共のために役に立つことをすること。 | （12）社会参画の意識と社会連帯の自覚を高め、公共の精神をもってよりよい社会の実現に努めること。 | 社会参画、公共の精神 |
| | （13）勤労の尊さや意義を理解し、将来の生き方について考えを深め、勤労を通じて社会に貢献すること。 | 勤労 |
| （15）父母、祖父母を敬愛し、家族の幸せを求めて、進んで役に立つことをすること。 | （14）父母、祖父母を敬愛し、家族の一員としての自覚をもって充実した家庭生活を築くこと。 | 家族愛、家庭生活の充実 |
| （16）先生や学校の人々を敬愛し、みんなで協力し合ってよりよい学校をつくるとともに、様々な集団の中での自分の役割を自覚して集団生活の充実に努めること。 | （15）教師や学校の人々を敬愛し、学級や学校の一員としての自覚をもち、協力し合ってよりよい校風をつくるとともに、様々な集団の意義や集団の中での自分の役割と責任を自覚して集団生活の充実に努めること。 | よりよい学校生活、集団生活の充実 |
| （17）我が国や郷土の伝統と文化を大切にし、先人の努力を知り、国や郷土を愛する心をもつこと。 | （16）郷土の伝統と文化を大切にし、社会に尽くした先人や高齢者に尊敬の念を深め、地域社会の一員としての自覚をもって郷土を愛し、進んで郷土の発展に努めること。 | 郷土の伝統と文化の尊重、郷土を愛する態度 |
| | （17）優れた伝統の継承と新しい文化の創造に貢献するとともに、日本人としての自覚をもって国を愛し、国家及び社会の形成者として、その発展に努めること。 | 我が国の伝統と文化の尊重、国を愛する態度 |
| （18）他国の人々や文化について理解し、日本人としての自覚をもって国際親善に努めること。 | （18）世界の中の日本人としての自覚をもち、他国を尊重し、国際的視野に立って、世界の平和と人類の発展に寄与すること。 | 国際理解、国際貢献 |
| **D 主として生命や自然、崇高なものとの関わりに関すること** | | |
| （19）生命が多くの生命のつながりの中にあるかけがえのないものであることを理解し、生命を尊重すること。 | （19）生命の尊さについて、その連続性や有限性なども含めて理解し、かけがえのない生命を尊重すること。 | 生命の尊さ |
| （20）自然の偉大さを知り、自然環境を大切にすること。 | （20）自然の崇高さを知り、自然環境を大切にすることの意義を理解し、進んで自然の愛護に努めること。 | 自然愛護 |
| （21）美しいものや気高いものに感動する心や人間の力を超えたものに対する畏敬の念をもつこと。 | （21）美しいものや気高いものに感動する心をもち、人間の力を超えたものに対する畏敬の念を深めること。 | 感動、畏敬の念 |
| （22）よりよく生きようとする人間の強さや気高さを理解し、人間として生きる喜びを感じること。 | （22）人間には自らの弱さや醜さを克服する強さや気高く生きようとする心があることを理解し、人間として生きることに喜びを見いだすこと。 | よりよく生きる喜び |

# 道徳教育と
# 「道徳の時間」(道徳科)

　先ほども少し書きましたが，日本の道徳教育は学校の教育活動全体を通じて行うという**「全面主義道徳教育」**の形をとっています。全面主義道徳とは，特定の教科で道徳を教えるのではなく，国語や社会といった他の教科や，特別活動や総合的な学習の時間などの領域を通じて道徳教育をおこなっていこうとする考え方です。教育基本法第一条に「教育は，人格の完成を目指し……」と記してあるように，人間そのものの成長が教育の目的である以上，教育活動が教科教育の知的側面のみに特化される（こういうのを陶冶といいます）のではなく，人間としてより豊かによりよく成長していくこと（**訓育**）が目指されています。そういう意味では，道徳教育をすべての学校教育活動の中でおこなうことはすごくまっとうなことと考えることができますね。

　たとえば近代教育学の祖といわれる**ヘルバルト（J.F Herbart）**は，教育の目的は「品性の陶冶」，つまり強固な道徳的性格を形成することであるとし，教授理論を提起しました。

　かなり前の話になりますが，ある少年が爆弾に関心を持ち，インターネットなどを通じて作成方法を調べ，「目立ちたい」という理由で駅構内で爆破させる（ただし人的被害を出したくないので夜中に爆発するようタイマー設定）という事件がありました。爆弾を製造する探究姿勢や制作知識には目を見張るものがありますが，やはり他者に危害が及ぶ場所での爆破には問題があります。要は，私たちが学校教育などで得た知識をどのように用

いるかというところに，道徳が深く関わってくるのです。

　さて，日本の戦後道徳教育は全面主義でスタートし，特に社会科の中で道徳教育がおこなわれました（社会科は「社会生活についての良識と性格とを養うこと」を目的として1947年に誕生した教科です）。しかし「それだけでは十分な効果をあげているとはいえない」という理由で，1958年に「道徳の時間」が特設されることになったのは先に述べた通りです。

　では，「道徳の時間」はどういった位置づけなのでしょうか？　その役割は，**「補充・深化・統合」**という言葉で表現されました。ちなみに2015年に一部改訂された新しい学習指導要領ではこれらの用語そのものはなくなりましたが，その意図は引き継がれています。また「道徳の時間」（道徳科）は，**学校の道徳教育の「要」，つまり中心的な役割を担うと説明されています。**

　たとえば，社会科の授業で公害を扱った際に，被害に遭われた方の人権については十分扱えなかったので，「道徳の時間」で補って学んでいくことは「補充」，休み時間の遊具の取り合いで喧嘩が起こってしまったため，「道徳の時間」で「規則」についての道徳的価値の内面化，自覚を促していくことは「深化」，各教科や特別活動などで断片的に扱われている道徳的価値を計画的・発展的に扱うことが「統合」です。このように道徳の時間の役割は捉えることができます。

　こう書くと両者の関係がすっきりしたと感じるかもしれませんが，全教育活動で十分にやっているので「道徳の時間」はいらないという「道徳不要論」，学習指導要領で内容項目も厳密に規定されているので，「補充・深化・統合」する時間には使えないといった否定的意見もあります。

# 学校教育全体で取り組む
## ―年間指導計画と別葉の作成―

　学校には，**道徳教育推進教師**という役割を担った教師がいます。その名の通り，この教師が中心となって道徳教育を推し進めていきます（とはいっても，この教師に道徳教育全てを押しつけちゃだめですよ）。大前提として，校長先生が道徳教育の方針を明確にしなければならないのは，言うまでもありません。

　道徳教育推進教師の大きな役割は，**年間指導計画の作成や指導体制の充実**を図ることです。道徳科の年間指導計画の充実は，かなり強く言われています。というのも，これまでの「道徳の時間」の扱いが，学校によっては低く位置づけられていたからです。国語の範囲が終わってないから，「道徳の時間」を国語に変えたり，体育祭前だからその練習をしようって振り当てられたり。皆さんも経験したことがあるのでは？　道徳が教科化された背景には，「道徳の時間」が「軽視されがち」という理由もありました。

### 〈道徳科の年間指導計画〉

　そんなこんなで，道徳科の授業を必ず年に35回実施するための年間指導計画を作成することが，新学習指導要領にも明記されています。4月の第1回目の道徳科では，○○という主題で，△△というねらいのもと，□□という教材を用いて実施しますよという計画一覧を作成していきます（50ページの表参照）。

　ただ，これはランダムに作っていいものではありません。学校にはさまざまな取り組みが1年を通してありますよね。4月

には4月に適した道徳の内容があるでしょうし（学級づくりの時期だから「相互理解」やりたいな），長期休暇前や後にはそれぞれ意図的に道徳の内容と関わらせたいこともあるでしょう（夏休み前だからこそ「規律」をやっておきたいとか）。卒業前には卒業前に即した授業内容があるはずです。そういったことも見越して，年間指導計画を作成していく必要があります。

### 〈学校教育活動全体を通した年間指導計画〉

また，1年間を通じて学校教育全体ではなにに重点を置いて道徳教育を実施していくのか（これが学校の**道徳教育重点目標**になります）も考えていく必要があります。道徳教育は，学校全体で取り組むものなので，他教科においてもその関連を考えなければなりません。各教科において道徳科の内容と関わるところを予めピックアップした年間指導計画一覧表，それが**別葉**といわれています（51ページの表参照）。

たとえば，ある学校で道徳教育の重点目標に「友情」ということが設定されたとします。となると，国語科の教材（『走れメロス』など）で友情に関する内容が出てきた時，あるいは音楽科で合唱をする時，総合的な学習の時間でフィールドワークに行く時など，友情という道徳的価値との関わりを教師が意識して指導するということです。

ここでは重点目標に関わる教科内容で別葉を紹介しましたが，道徳科の全ての内容項目（19〜22）と各教科内容との関係性を示すこともももちろん可能です。

さて，基本的に道徳の授業は担任の教師がおこなうことになっていますが，年間35回全ての授業を1人の担当でおこなうのは正直しんどいという先生もおられます。

そういう場合は**スライド制**をお勧めしています。つまり，学年で道徳の授業を回していくんです。ある週は1組はA先生，2組はB先生，3組はC先生，4組はD先生が授業を実施するとしたら，翌週は1組はB先生，2組はC先生，3組はD先生，4組はA先生というように，ずれていくんです。これだと，同じ指導案で4週間実践可能になりますし，子どももいろんな先生の指導が受けられます。学年で子どもを見ていこうという風土も生まれてきます。いいことづくしですね。

　初任の先生が道徳教育推進教師になることはあまりないかもしれませんが（そういや採用2年目でやってた教え子がいたなぁ），少なくとも年間指導計画は考えられるようになっておいた方がいいと思いますよ。

### 道徳科　年間指導計画の例　6年

| 回 | 月 | 主題名 | ねらい | 内容項目 | 資料名 |
|---|---|---|---|---|---|
| 1 | 4月 | 楽しいおしゃべり | 聞くことの大切さを知り，自分と異なる意見や立場を大切にしようとする態度を養う | 相互理解 | おしゃべりゲーム |
| 2 | | 真心をこめて | 常に礼儀正しく，真心を持って人に接する態度を養う | 礼儀 | 気持ちと言葉 |
| 3 | | 礼儀作法 | 暮らしの知恵を学び，日常生活のマナーを身につけようとする心情を育てる | 礼儀 | いただきます |
| 4 | 5月 | 思いやり親切 | 相手のことを考え，だれに対しても細かく思いやりの心を持ち，親切にしようとする態度を養う | 思いやり親切 | 私たちの道徳 |
| 5 | | はげましあう心 | 互いに信頼し，励まし合って友情を深め，仲良く協力して助け合う態度を養う | 信頼 | 博吉君のさかあがり |
| 6 | | 広い心 | 広い心で，人の気持ちや立場を理解し，自分と異なる意見や立場を大切にしようとする態度を養う | 寛容 | 割りきれない気持ち |
| 7 | 6月 | 公徳心 | ルールを決めるか決めないかを話し合ったり，道子や明子の気持ちを考えたりすることを通して，みんなのために自分ができること実践しようとする心情を育てる | 公徳心 | いらなくなったきまり |
| 8 | | 友を思う心 | 友達を信頼し，互いに励まし合って友情を深め，真の友情を育てていこうとする心情を育てる | 友情 | 友の肖像画 |
| 中略 ||||||
| 32 | 2月 | 大切ないのち | 人の命は，人種や国籍にかかわらず尊いものであることに気づき，差別することなく命を尊重しようとする心情を育てる | 生命の尊さ | 太平洋に立つ |
| 33 | | 自分の長所 | 自分の特徴を知り，悪いところを改め，良いところを積極的に伸ばす態度を養う | 個性の伸長 | 勇太への宿題 |
| 34 | | 夢に向かって | 挫折や困難に負けず，夢や目標に向かって真摯に自分を高めようとする心情を育てる | 希望と勇気 | サッカープレイヤー |
| 35 | 3月 | 真理を求めて | 科学的な探究心を大切にし，常に真理を求めて生活に役立たせようとする態度を養う | 真理の探求 | 天からの手紙 |

京都市内の小学校において作成された年間指導計画を一部改変して掲載

## 小学校○年生 道徳教育の全体計画 別葉の一例 (教科×重点目標)

| | 特別活動 | 国語 | 社会 | 各教科 算数 | 理科 | 音楽 | 以下略 | 総合的な学習の時間 | 外国語活動 |
|---|---|---|---|---|---|---|---|---|---|
| 重点目標1 | | | | | | | | | |
| 重点目標2 | | | | | | | | | |
| 重点目標3 | | | | | | | | | |

## 小学校○年生 道徳教育の全体計画 別葉の一例 (教科×時系列) +内容項目

| | 4月 | 5月 | 6月 | 7月 | 9月 | 10月 | 11月 | 12月 | 以下略 |
|---|---|---|---|---|---|---|---|---|---|
| 国語 | | | | | | | | | |
| 社会 | | | | | | | | | |
| 算数 | | | | | | | | | |
| 理科 | | | | | | | | | |
| 音楽 | | | | | | | | | |
| 図画工作 | | | | | | | | | |
| 以下略 | | | | | | | | | |

## 小学校○年生 道徳教育の全体計画 別葉の例 (内容項目×教科別)

| | 特別活動 | 国語 | 社会 | 各教科 算数 | 理科 | 音楽 | 以下略 | 総合的な学習の時間 | 外国語活動 |
|---|---|---|---|---|---|---|---|---|---|
| 自主、自律 | | | | | | | | | |
| 自由と責任 | | | | | | | | | |
| 節度、節制 | | | | | | | | | |
| 向上心、個性の伸長 | | | | | | | | | |
| 希望と勇気 | | | | | | | | | |
| 克己と強い意志 | | | | | | | | | |
| 真理の探求、創造 | | | | | | | | | |
| 思いやり、感謝 | | | | | | | | | |
| 以下略 | | | | | | | | | |

## COLUMN
## 道徳の授業って楽しい！

「道徳の授業って楽しい！」

教師になって十数年経っている私ですが，そう思えるようになったのはここ3年くらい。これまでにも道徳の授業を公開したことは何度かありましたが，普段の道徳の授業については副読本に載っている指導案通り行うだけでした。道徳について本格的に学ぶようになったのは4年前に研究主任となり，道徳の授業を研究するようになってからになります。

特に道徳の授業づくりで楽しいと感じたのは，子どもたちがねらいとする道徳的価値を深められるように，発問の仕方や板書・ワークシートなどを工夫するところ。同じ資料でも，ねらいによって授業の展開も発問も板書もすべて変わってきますので，何をねらいとするのか明確にしておく必要があります。「ねらいはこれでいいのかな，子どもたちには難しいかな」と私自身に迷いがある場合，子どもたちの発言やワークシートに書かれている内容はねらいからずれてしまうことが多いことに気づきました。このように，あれこれ試行錯誤しながら授業をつくっていくので悩むこともたくさんありますが，それを含めて楽しいと感じるようになりました。

また，道徳には他教科とは違うよさがあります。それはねらいとする道徳的価値だけでなく，それ以外の子どもたちの気づきも認められるところです。たとえば，「親切」がねらいの授業の場合，「人に親切にすることが改めて大切だと思った」と気づく子どももいれば，「人に親切にするには勇気がいるなと思った」と考える子

どももいます。どのような気づきであっても子どものよいところとして認めることができるんです。同時に，子どもの思いや気づきを知ることは，児童理解にもつながります。

今年度，初めて実践したことがあります。それは，2年生の道徳の資料「ないた赤おに」を，担任している6年生の道徳の授業で取り入れてみたことです。高学年になると子どもたちはこちらの意図していることを汲み取って発表したりワークシートに書いたりすることもあります。子どもたちにできるだけ本音で話してほしくて，知っているお話を資料にすることで話し合う時間を確保できるようにしました。2年生で授業を行ったときは「赤おにくんのことを思っている青おにくんはやさしいと思った」という感想がたくさん出ましたが，6年生で授業を行ってみると，「青おにくんは赤おにくんの本当の友達だ」という意見と，「最終的には2人とも悲しい思いをしているから，青おにくんの行動は間違っている」という意見の半分に分かれました。なぜそう思ったのか理由も一緒に話し合いをしましたが，時間が足りないくらいに盛り上がり，子どもたちは一生懸命自分の思いを伝えようとしていました。

このように，他学年の資料を用いて授業できるのも，道徳ならではだと思います。(何を用いてもよいのではなく，意図がなければならないとは思いますが。)

道徳の授業は難しそうに感じるかもしれませんが，発問や板書の工夫など他教科にも活用できるものばかり。ぜひたくさん実践して，「道徳の授業って楽しい！」と実感してくださいね。

京都市立七条第三小学校教諭　　大西美佐

## 道徳教育をより深く学ぶために

- 荒木紀幸ら編著『「わたしたちの道徳」教材別ワークシート集：1・2年編，3・4年編，5・6年編，中学校編』明治図書，2015年
- 有光興記，藤澤文編著『モラルの心理学：理論・研究・道徳教育の実践』北大路書房，2015年
- 岡田敬司『コミュニケーションと人間形成：かかわりの教育学Ⅱ』ミネルヴァ書房，1998年
- 貝塚茂樹，関根明伸編著『道徳教育を学ぶための重要項目100』教育出版，2016年
- 日本道徳性心理学研究会編著『道徳性心理学』北大路書房，1992年
- 藤田昌士『道徳教育：その歴史・現状・課題』エイデル研究所，1985年
- 松下良平『知ることの力：心情主義の道徳教育を超えて』勁草書房，2002年
- 松下良平『道徳教育はホントに道徳的か？：「生きづらさ」の背景を探る』日本図書センター，2011年
- 松本美奈，貝塚茂樹，西野真由美，合田哲雄『特別の教科道徳 Q&A』ミネルヴァ書房，2016年
- 村井実『道徳は教えられるか』国土社，1990年
- 諸富祥彦編著『道徳授業の新しいアプローチ10』明治図書，2005年
- K. ガーゲン著，東村知子訳『あなたへの社会構成主義』ナカニシヤ出版，2004年
- J. ハイト，髙橋洋訳『社会はなぜ左と右にわかれるのか：対立を超えるための道徳性心理学』紀伊國屋書店，2014年
- J. ライマー，D. P. パオリット，R. H. ハーシュ著，荒木紀幸監訳『道徳性を発達させる授業のコツ：ピアジェとコールバーグの到達点』北大路書房，2004年

第3章

# これからの
# 道徳教育

　2015年に道徳の教科化に伴って，学習指導要領が改訂されました。そこでは改訂の大きな目玉が提示されました。「道徳教育の抜本的改善・充実」というパンフレットなどには，概ね次のように書いてあります。

- ・検定教科書の導入
- ・問題解決的な学習や体験的な学習などを取り入れる
- ・いじめの問題への対応の充実を図るために，内容を体系化
  （「個性の伸長」「相互理解，寛容」「公正，公平，社会正義」「国際理解，国際親善」「よりよく生きる喜び」の内容項目を小学校に追加）
- ・情報モラル教育の充実や，現代的な課題の扱い
- ・「考え，議論する道徳」の展開

　そこで,本章では,これから先,道徳科においてどういったことがねらわれることになるのか,なぜ,そのような改訂の方向性になったのか,そのあたりを中心に学んでいきましょう。(検定教科書についてはまだ現時点(2017年2月)では検定済みのものが出てないので,ちょっと脇に置いておきますね。)

　本章の前半部分は,学習指導要領改訂の背後にあるこれからの教育の形を探っていきながら,道徳教育との関連を考えてみます。後半部分では,新しく追加された事柄を中心に(問題解決的な学習,国際理解や自己肯定感,情報モラル),道徳との関連性を見ていきましょう。

　これからの道徳教育,大きく変化していきそうですよ!

# 21世紀型能力と道徳教育

実は2015年の学習指導要領改訂で、道徳性の諸様相とされる「道徳的判断力、道徳的心情、道徳的実践意欲と態度」の並び方が変わりました。以前は「道徳的心情、道徳的判断力、道徳的実践意欲と態度」という順序で、道徳的心情が最初に位置づけられていました（ちなみに1989年の改訂から道徳的心情が一番に記されていて、それ以前は道徳的判断力が一番に記されていました）。道徳的判断力が再び最初に位置づけられたことは何を意味しているのでしょう？

この背景には、2013年に国立教育政策研究所が出した**「21世紀型能力」**のモデルがあります。ここでは**「思考力」**を中核とし、それを支える「基礎力」といかにそれを用いるかという「実践力」の三層で、日本の学校教育で育成していく**「資質・能力」**のモデルが示されました（実はこのモデルにおいて「実践力」という用語が用いられたので、道徳の新学習指導要領から「道徳的実践力」という言葉が消えました）。「資質・能力」とは、ヨーロッパやアメリカを中心に1990年代から研究が始められた**「コンピテンシー」（competency）**を意味しています。

**21世紀型能力**
（国立教育政策研究所2013年）

第3章 これからの道徳教育

　もともとは、外交官採用の筆記試験の結果と、実際に外交官になってからの職務遂行能力に差があるのはなぜか（要は、優秀な成績で入ってきても、外交官としての仕事っぷりがいまいちなのはなぜ？）というところから始まった研究ですが、そこから学校教育で培われた「学力」と、社会に出てからの職務をこなす能力との関係性、ひいては社会で生きていくために学校教育で育成すべき「能力」の研究へと発展してきました。このコンピテンシーの大きな特徴は、知識やスキルといった認知的要素だけではなく、対人関係を形成する力や前向きな態度といった非認知的な要素も含んでいるということです。

　日本においても、1990年以前は高い学歴＝学力が社会人としての力をある意味保証していましたが（大人の言いつけを守って勉強した子どもは、社会に出ても上司に従順である＝成功するということです）、職務の高度化や複雑化に伴って、学力が社会人としての成功を必ずしも保証しなくなってきました。そこで、たとえば日経連は1996年に「エンプロイアビリティ」（雇用されうる能力）、経済産業省は2006年に「社会人基礎力」を主として高等教育機関（つまり大学）に提示しました。

　話を戻しましょう。

　2013年の時点で、次期学習指導要領がより一層「思考力」を重視する方向性へと向いたことは間違いありません。道徳は教科化に伴い2015年3月に一部改正学習指導要領として公示されましたが、この思考力重視の政策と一致させるために、道徳的判断力が最初に書かれるようになり、また**「考え、議論する道徳」**（これについては後ほど）などが大きなキーワードとして提示されたのです。

# アクティブ・ラーニングと道徳教育

　アクティブ・ラーニング（以下 AL と略記）という言葉が，教育業界を席巻しているといっても過言ではありません。もともとは大学で行われている講義型の授業が，学生にとって非常に受身的で座学中心でアクティブではない（まぁ確かに大学ではそんな授業が多いですね）というところから，その転換を求めるために出された用語でした。

　文科省がこの言葉を出した2012年当初は，「学修者の能動的な学修への参加を取り入れた教授・学習法の総称」と書かれていました。ALをおこなうことによって，汎用的な能力，つまり，教科固有の知識やスキルではなくて，さまざまな場面に応用できる力を育成しようとしました。たとえば，問題解決をする力，論理的にそして批判的に物事を考える力などが汎用的な能力に該当します。

　さて，次期学習指導要領の改訂に向けた教育課程企画特別部会（2015年）が提示した『論点整理』の第1章が，「2030年の社会と子供たちの未来」という大変興味深いタイトルで始まっています。次期学習指導要領の教育を受けた世代が社会に出ていくのが，およそ2030年頃になります。その頃を見越した教育改革が必要だという趣旨で，この章が設けられました。

　これからどのような未来が待ち受けているのでしょう？　想像の域は超えませんが，少なくとも「お花畑」が想像できるような明るい未来ではなさそうです。少子化に伴って労働者の人

口は減りますし,労働者人口が減るということは,税収入減につながりますので,国の財源はますます厳しいものになっていくでしょう。今後海外との関係性,南北格差,エネルギーの問題,国境を超えた環境問題,民族・宗教問題,人口知能（AI）問題など,これからに生きる人たちはさまざまなことを解決していく必要があります（ただし,今解決できる社会問題は今を生きる大人の責任として未来に先送りすべきではないでしょう）。

つまり,次期学習指導要領の改訂は,よりよい未来を創り出すために,どのようにすれば社会問題を解決へと導いていけるのかという視点から考えられており,そのための資質や能力を育てていくという点から改訂されることになります。特によりよい未来を形成するために,どのように学ばせていくのかという教育がALとして提示されたのです。

ただ,ALという用語が,その名の通り,「アクティブ＝活動的な」授業を指すと理解されがちであったことなどから,文部科学省は2016年の「教育課程部会」で**主体的・対話的で深い学び**（アクティブ・ラーニング）と再定義しました。ここにおいて,単なる活動や体験を意味するのではないことが改めて強調されたのですが,新たに定義されたALを私たちはどのように理解していけばいいのでしょう？

〈**主体的な学び**〉

「主体的」って教育の世界ではよく出てくる言葉ですが,実は実態のよくつかめない言葉でもあります。似たような言葉に,自発的,自律的,自立的,自主的,自己決定などが考えられますが,とりあえずはそれらを包括した概念と捉えておきましょう。「自ら〇〇していく」っていう感じです。ただし,教育学

者の田中智志氏はさらに突っ込んで，主体的な学びを「自己・他者・世界を編み直すこと」と示しています。つまり自ら進んでさまざまな関係性のズレに気付いて，新たに物事を関係づけていくことであるといえます。主体的に学ぶとは，自分や他者の考えていることなどを客観的に認識して，そこにある矛盾に気付き，新たに意味づけていくことなのです。

〈対話的な学び〉

対話については，次節の「考え，議論する道徳」でも述べますが，単に他者とコミュニケーションをとる，あるいは話し合うということ以上の意味があります。相手の話を積極的に聴くことが求められますし，積極的に聴くためには，他者に対する承認（あなたが存在することを認めるということ）がまずもって必要になります。また，他者の意図を感じ取ろうとする感受性も必要になります。そして，対話によって私たちは探究活動に入

出典：幼稚園，小学校，中学校，高等学校及び特別支援学校の学習指導要領等の改善及び必要な方策等について（答申）補足資料（文部科学省）より

っていくことが可能になり、その結果として、これまでは考えることもなかった新しいアイデアや認識を得ることが可能になります。

〈深い学び〉

　ALでもっともカギを握るとされているのが、この深い学びです。結果的に学びが深まることがなければ、何のために学びに対して言及したのか意味がないですもんね。一般的に深い学びとは、各教科における知識や考え方といった「見方・考え方」を軸にしながら、問題の発見や解決をしていくこととされています。

　深い学びには、松下佳代氏らによるディープ・アクティブラーニングの研究が大きな影響を与えていると思われます。ごく簡単にいえば、深い学びとは、学習に対する意味づけや学んだ概念を結びつける作業によってもたらされるとしています。つまり、なぜそれを私が学んでいるのか、これまで学んできたこととどう結びつくのか、ということまでアプローチしていくことが深い学びといえそうです。

　以上から、主体的・対話的で深い学びとは、主体的・対話的な学びによって深い学びへと到達させていくってことです。**自分や自分を取り巻く環境の中で、自ら新たな意味を構築・創造していく学びである**とまとめることができます。これはもはや**具体的な教育の型ではなく、教育を支える理念**と考えられます。

　道徳教育は他者と共によりよく生きることを目指しますので、ALを意識した道徳教育は、子どもたちが他者や世界との関係の中で、より包括的な価値理解を通じて、いかに生きるべきなのかを常に問い直し、考え続けることが大切になってきます。

# 考え，議論する道徳

　すでに述べてきましたが，「考え，議論する道徳」，これが新しい学習指導要領の一番大きなキーワードとなっています。「道徳に係る教育課程の改善等について」（答申）では次のように道徳教育の改訂の方向性を示していました。

　「特定の価値観を押し付けたり，主体性をもたず言われるままに行動するよう指導したりすることは，道徳教育が目指す方向の対極にあるものと言わなければならない。」

　「多様な価値観の，時に対立がある場合を含めて，誠実にそれらの価値に向き合い，道徳としての問題を考え続ける姿勢こそ道徳教育で養うべき基本的資質である。」

　これを受けて，中学校学習指導要領の『解説』では以下のように示されました。

　「答えが一つではない道徳的な課題を一人一人の生徒が自分自身の問題と捉え，向き合う『考える道徳』，『議論する道徳』へと転換を図るものである。」

　これまでの道徳教育においては，子どもたちが道徳的な課題について積極的に取り組んだり，あるいは自分事として考えたりすることが少なかったので，今後は自分との関わりの中で，そして他者との関わりの中で道徳的な課題に向き合っていくために，「考える道徳」「議論する道徳」が提起されたのです。

　では道徳教育において，「考えること」と「議論すること」はそれぞれどのような意味を持っているのでしょうか？　AL

との関わりでいえば、「考えること」や「議論すること」が、グループで話し合いをしようといった単なる活動面での転換を求めるものと解釈されてしまうと、「浅く考え深まらない議論をする道徳」にもなってしまいます。そこで「考え、議論する道徳」の本質まで、紙面が許す限り掘り下げて捉えてみましょう。

### 〈考える道徳〉

「考える道徳」が出てきた背後には、繰り返しになりますが、思考力重視の次期学習指導要領の流れがあります。

これまでの多くの道徳の授業が、考える時間に十分なり得なかった理由として（いや、もちろん考える授業を展開していた先生もたくさんいましたけどね）、

・子どもたちがすでに「こうすればいいんでしょ！」と知っていることを、あらためて授業で言わされる
・物語（正式には「読み物教材」といいます）が遠い世界の話で、自分事のように考えることができない

ということが主にあげられます。

つまり、既知から脱却して新しい認識へと到達する道筋が準備されていないこと、自分事として道徳的な課題を考える教材や問いが準備されていないということです。

実はここに考える道徳のためのヒントが隠されています。それは、新しい認識と自分事（当事者性）ということです。

かつてアメリカの教育学者**ブルーナー（J. S. Bruner）**は、学校を「新しい世界へと子どもたちを導く特殊な機関」と位置づけました。子どもの生活経験だけでは知りうることができない世界へと子どもたちを導くことにこそ、学校の意味があると

いうのです。すでに子どもたちは生活経験の中でどうすることが正しいことなのか，良いことなのか，あるいは間違っていることなのか，ある程度知っています。もし道徳の授業がこういった子どもたちの認識を後追いする限りにおいて（「こう答えたらいいんでしょ」と子どもたちが捉える授業である限りにおいて），新しい世界へと子どもたちを導いているとはいえません。学校教育に求められているのは，子どもが生活経験からは知ることができなかったことに気付かせることであり，あるいは新しい考え方を知って，自分の中に矛盾を感じることなのです。そういうすっきりしないモヤモヤを感じたときに初めて，「考える道徳」が始まります。

　ただ，ここで終わってしまってはもったいないです。頭の中でモヤモヤとした矛盾や葛藤を感じて，新しい認識へとたどり着いたあと，再び子どもたちを現実の中に戻してあげる必要があります。空想の中でよりよく生きることを道徳教育は目指しているのではなく，現実の中で子どもたちがよりよく生きることを目指しているはずです。

　子どもたちの生活世界を踏まえた上で，子どもたちの知らない新しい世界へと導き，さらにそこから子どもたちの世界へと引き戻してくる，そういう授業づくりに「考える道徳」の醍醐味があるといえるでしょう。

〈議論する道徳〉

　議論ってみなさんはどんなイメージを持っていますか？　ガンガンと意見をぶつけ合うようなそんな感じでしょうか？　discussion の cussion ってもともとは，叩くという意味があり

ます。パーカション（percussion）も脳震盪（concussion）も，「叩く・打つ」という行為が関係していますよね。だから議論を表す discussion も，「徹底して叩いて分析していく」という意味があるんです。おとなしい私には，なんだか議論は向いていなさそうです。

　文部科学省は，こういった意味を持つ「議論」を道徳教育に求めているのでしょうか？　他者と対立があったとしても，多様性を認めながら他者と協働していくこと，ここに「議論する道徳」の核心があると私は考えています。ゆえに道徳教育において求められていることは，徹底して叩いて相手をやり込めていく「議論」ではなく，むしろ協働を重視して**「対話する」(dialogue)** ということだと考えています。

　対話とは，語源的には"dia"（between, through：〜の間で，〜を通じた）"logos"（word：言語，論理，意味）から成立しています。対話は単に想いを汲み交わすという表面的なやりとりだけではありません。言葉や論理のやりとりによって，モヤモヤとした頭の中の状態を，より合理的で安定した状態へと導いていくことなのです。

　この対話には，話すこと（発話）だけでなく，**積極的傾聴**という態度が必要とされます。自分の中にある先入観（この人って〇〇だからなぁ）や価値判断（それ間違ってるやん！）をとりあえず脇に置いて，相手の話を聴く，さらになぜ相手がそのようなことを言っているのか，発言の背後に想いを寄せ意図を探ろうとすること，これが積極的傾聴です。私たちは，話を聴くとはいっても本当の意味で聴けていないことが多いのではないでしょうか。口に出さないまでも，頭の中では相手の言葉に反応

し，判断し，自分の理屈の中で相手を理解しようとしています。積極的傾聴とは，聴いているその瞬間において相手を無条件に受容することであり，相手に没入することなのです。

　でも，傾聴が対話のゴールではありません。そこから探究活動に入っていくことが求められます。対立を共生に導くことこそ，探究活動なのです。どうすれば折り合いがつくのか，お互いがうまくやっていけるのか，それを探っていく活動なんです。

　このような対話のプロセスによって，認識が深まって，よりよい生き方やあり方を共有できたり，双方の合意ができたり，あるいはお互いを認め合ったり，自分を認める自己肯定感が育まれたりします。「議論（対話）する道徳」を以上のように理解すると，これまでにはない，とても素敵な道徳教育の取り組みができそうな気がしてきます。

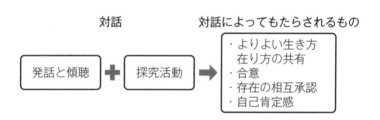

　最後に，会話と対話と議論の関係性にも簡単に触れておきましょう。数々のワークショップでファシリテーターを務める中野民夫氏や堀公俊氏が非常にわかりやすくこれらの関係性を捉えてくれています。彼らによれば，まずは関係性を築き上げることが重要であるとしています。関係性を築いた上で，ビジョンを共有する対話が成立し，そして具体的に方略を考えていく

第3章 これからの道徳教育

議論が成立するとしています。逆に言えば,関係性の成立していないところでの対話や議論はうまくいかないことが多いということです。

私はこれに従って,「対話に基づいた議論」を提唱していますが,その本質は先ほどの「議論する道徳」で述べたことと同じです。対話（積極的傾聴）があって初めて議論（探究活動）が成立するという考え方です。

「会話,対話,議論」
中野・堀（2009）より引用

教室の中の人間関係が会話に表れてきますし,それはダイレクトに対話にも関係してきます。対話する道徳を実践しようとするならば,まず日常の教室の子どもたちの関係性,教師との関係性が安定したものになっているのか,学校や教室が安心安全な場になっているか,そこを考える必要が出てきますね。

これまで見てきたように,考えることも議論（対話）することも,それぞれ認識の深さが大きく関わっています。適当に考えて,きれいごとだけの議論をするのであれば,従来型の道徳教育（文科省が批判している心情理解に偏った道徳の授業のことです）と何も変わりません。

考えること,議論（対話）すること,これらの本質を念頭に置いた授業づくりが,未来へ拓かれた新しい道徳教育を生み出していくのではないでしょうか。

# 道徳教育における問題解決的な学習

　新しい指導方法の一つとして新学習指導要領に掲載されたのが，問題解決的な学習です。注意してほしいのが，「問題解決学習」ではなく，問題解決的な学習である点です（より詳しい実践については第5章で述べますね）。

　問題解決学習は，戦後の日本，特に社会科において展開されました。今であれば，「総合的な学習の時間」を思い浮かべれば想像しやすいかもしれません。理論的背景にはデューイを中心とした経験主義教育があり，彼の**「反省的思考」**（Reflective thinking）のプロセスを学習のプロセスに当てはめて，子どもたちが身の回りにある現実の問題を解決していくことがねらわれた実践でした。ちなみにここで言う反省的とは「ごめんなさい」ということではなく，過去を振り返り未来を展望するという反省です。ちょっと難しいかもしれませんが，できるだけ簡単に反省的思考の過程を示してみますね。

1　困難や困惑に直面する段階
　　（えー，これって何？　このままじゃやばいなー。）
2　困難の原因を分析して，問題の所在を明確にする段階
　　（そもそもこの問題状況の原因ってなんだろう？）
3　問題を解決していく道筋（仮説）を考え，そのために必要な情報や素材を集める段階
　　（この問題を解決するためには，あれを調べなくちゃいけないなぁ，この人に聞いたらいいのかなぁ）

4　仮説をより練り上げていく段階

（まずこれを調べて，その後これについて調べて……）

5　仮説を実際に試してみる段階

（この手続きでやれば問題は解決できるはず！）

　実際の問題を解決していくという探究の過程は，教科内容をどれだけ覚えるかという暗記注入主義教育を乗り越えていくものとして，子どもたちの論理的に考える力や批判的に考える力など，いわば「思考力」を高めるものとされました。

　そうです，思考力重視の政策は，ここにも見られるんです。デューイの流れを汲む問題解決学習が，社会科や「総合的な学習」の時間だけではなく，道徳教育の領域にも取り入れられることになりました。

　問題解決学習が，子どもたちの興味や関心に基づいて，子どもたちの身の回りにある生活上の問題や社会的な問題を扱っていたのに対して，道徳教育はあくまで道徳的な問題を扱うことに主眼が置かれます。そういう意味で，「総合的な学習の時間」などのそれと混同されないように，「問題解決的な学習」という表記になりました（注）。

　あと，気をつけておかねばならないのが，問題解決的な学習は指導法の一つであって，目的ではないということです。言い換えれば，道徳教育の目的，道徳科の目標を達成するために選ばれる教育方法の一つであるということ。この視点を忘れてしまうと，問題解決的に道徳の問題を扱ったからOKという活動重視の道徳教育になりかねません。価値理解をきちんとした上で，自分ならどうするのか，どうすべきなのかと関わることが大切になってきます。

# 自己肯定感と道徳教育

　自己肯定感という用語を一度は耳にしたことがあるのではないでしょうか？　学校教育だけでなく，家庭においても，子どもの成長に非常に重要な影響を与える概念です。

　ところが，日本の子どもたちの自己肯定感が低いということが，国際比較で明らかになってきています。たとえば，2015年に国立青少年教育振興機構がおこなった『高校生の生活と意識に関する調査報告書』（日米中韓）では，「自分はダメな人間だと思うことがある」という問いに「とてもそう思う」「まあそう思う」と答えた日本の高校生はなんと72.5％にのぼりました。

　道徳教育では，自分自身の生き方やあり方を見つめることが重要視されていますが（道徳科の目標に「自己を見つめ」ってありましたよね），そもそも自分自身に価値があると考えていなかったり，自分を低く評価していたりすれば，自分を見つめることなんて到底無理です。立派な道徳的価値と自分を比較してしまい，「そんな立派な人間になれるわけがない」と，ますます自分嫌いを加速させてしまうかもしれません。となると，**自己肯定感を育んでいくことは教育のもっとも根本的かつ最重要課題**であるといえます。

　自己肯定感は，もともとは高垣忠一郎氏が1990年代後半に用いた用語で，「自分が自分であって大丈夫」という感覚を指します。自分の良いところも悪いところも全部ひっくるめて全部自分なんだ，という自分の全存在を受け入れる感覚です。

臨床心理学者の諸富祥彦氏は，自己肯定感には深さがあるとして3つの局面に分けて捉えています。浅い自己肯定感は，自分の良いところに焦点を当て，それを積極的に伸ばしていこうとする感覚です。「自分の良いところ探し」というエクササイズはまさにそうですね。

少し深い自己肯定感は，自分の悪いところも見方を変えれば良い一面になるという解釈ができる感覚です。たとえば，冷めている一面があるけど，それは冷静に物事を捉えているという見方もできる，こういう自己の捉え方です。「リフレーミング」というエクササイズは自分を違った側面から捉える活動です。

深い自己肯定感（諸富氏はほんものの「自己肯定感」と呼んでいます）は，先ほどの高垣氏の主張するものと同じです。あるがままの自分の全存在を受け入れる感覚です。

中学校新学習指導要領の『解説』では，「短所も自分の特徴の一側面であることを踏まえつつ，かけがえのない自己を肯定的に捉え（自己受容）させるとともに，自己の優れている面などの発見に努め（自己理解）させることが大切」と書いてあるので，「少し深い自己肯定感」あたりまでを念頭に置いているかもしれません。でもやはり私たちが目指したいのは，深い自己肯定感です。では，いかに育んでいけばいいのでしょうか？

それは，積極的傾聴に基づいた対話です。先に，積極的傾聴とは「無条件受容」であるとしました。相手をあるがまま受け入れること，そうすることで相手は自分が受け入れられた感覚を得ます。この**〈受け入れる－受け入れられる〉という地道なプロセス**が，ゆっくりと，しかし確実に深い自己肯定感を育んでいくことにつながると私は考えています。

# 国際理解・愛国心と道徳教育

　海外から日本に来る観光客はますます増えていますし、外国籍を持つ子どもたちも多数日本の学校に通っています。逆に日本から海外へと留学やビジネス、海外支援を目的として多くの人が飛び立っています。流動性が増した世の中になりました。

　経済にしろ、政治にしろ、ほとんどの分野において日本が海外との相互依存の関係の中で成立していることは揺るぎない事実です。そしてその関係性は今後ますます強くなっていくでしょう。国際社会において日本はどうあるべきなのか、つまり、国際社会を考える（「国際理解」）ことと日本そのものの捉え方（「愛国心」）は密接に絡んでくるのです。

　中学校新学習指導要領の『解説』では、次のように記されています。

　「国を愛することは、偏狭で排他的な自国賛美ではなく、国際社会と向き合うことが求められている我が国の一員としての自覚と責任をもって、国際貢献に努めようとする態度につながっている点に留意する必要がある。そのためにも、国を愛することと、次の内容項目の『国際理解、国際貢献』とは切り離せない関係にあることに配慮した指導が大切である。」

　偏狭で排他的な自国賛美は愛国心ではないと明確に否定していますが、少し気になるところがあります。それは「我が国の一員として」という表現です。国際理解教育の分野では「地域・国家・地球社会の一員」という表現がなされます。どう違

第3章 これからの道徳教育

うのでしょうか？

　教育学者の小関一也氏が表のようにまとめていますが,「我が国の一員」という自国を中心とした見方は,どうしても「私たち」と「それ以外」という思考を助長してしまいます。その見方は,ややもすれば,他の文化や国家との間に優劣をつけかねず,排他的に他との関係を眺めてしまう可能性があります。身近な例を出せば,自分のクラスと他のクラスの間にある「壁」です。クラスの団結力が高まれば高まるほど,他のクラスとの差別化を図っていくのを経験したことはありませんか？

　このように,新学習指導要領の国際理解と愛国心は,自国中心的な見方になりかねない危険性をはらんでいます。国際理解の背後にあるのは,当然他者理解であり,多様な文化的背景を持つ人々を理解するということです。これは多様性を理解することにつながりますし,道徳教育とも親和性があります。道徳教育で目指すべき他者との共生を,今一度しっかりと捉える必要がありますね。

|  | 自国中心のものの見方 | 国際的なものの見方 | グローバルなものの見方 |
|---|---|---|---|
| イメージ図 |  |  |  |
| 世界の捉え方 | ・「自分たちの世界」と「その他の世界」という見方で世界を捉える。<br>・常に「自分たちの世界」を基準として物事が判断される。 | ・世界は国家の集合体として認識され,各国の「ちがい」にも目が向けられる。<br>・自国を他国と横並びに位置づけて自己との「つながり」から世界を見る。 | ・地球全体を一つのシステムとして把握する<br>・国家だけを基本に世界を見るのではなく,「国家以外の活動主体」とのつながりが考慮される。 |
| ものの見方の出発点 | ・自国の内にあり,常に国益が最優先される。 | ・自国の内にあり,国益を守ることが第一の目的。自国にとって有益な国かそうでないかという序列が生まれやすい。 | ・地球全体を視野に入れ,国益を超えた地球益の発想から物事が判断される。 |

「世界を見る三つのものの見方」　小関（2011）より引用

# 情報モラルと道徳教育

　ネットトラブル。今の子どもたちには避けて通れない現実の問題です。今回の改訂においても,「情報モラルに関する指導を充実すること」と明確に述べられています。これはスマートフォンをはじめとする情報機器の普及に伴って,ネット上のトラブルが多発していることに起因しています。LINEグループから特定の人物を外したり（LINE外し）, Twitterに不適切な写真をアップして炎上したり, ワンクリック詐欺に引っかかったり, 重度のネット依存になってしまったり, 問題をあげていけばきりがありません。子どもたちはインターネット上で加害者にもなりうるし, 被害者にもなりうるのです。

　しかし一方において, 子どもたちはインターネットや学習系アプリからさまざまな有益な情報を学んでいることも事実です。要は, インターネットはとても便利で有益, でも落とし穴もいっぱいあるということです。

　では, こういった現実に対して, 道徳教育は何ができるのでしょうか？

　道徳科の授業では, 内容項目との関わりから「特に, 情報社会の倫理, 法の理解と遵守といった内容を中心に取り扱うことが考えられる」と新学習指導要領には示してあります。たとえば, ネット上の書き込みに関するマナーや, LINE上でのコミュニケーションに関することです。ネット上の著作権の問題もありますね。ただ, これらはもちろん必要な知識ですが, どうし

ても内容項目が先行するので,「○○禁止」あるいは「○○しましょう」という大人から子どもへの形になってしまいがちです。

　これとは異なるアプローチを仕掛けるのが，情報モラル教育を推進する竹内和雄氏です。竹内氏のアプローチは，実に明快です。まず，ネットに関する子どもの常識を大人が知ること（子ども理解），その上で大人の対策を伝え，最終的には子どもたちが話し合ってスマホやネットのルールを決めるということです。重要なのは，大前提として子ども理解があること（大人の理屈を最初から押しつけないこと），そして子どもたち自身が，ネットやスマホと上手に向き合う方法を自ら考え出していくという点です。このアプローチは，たとえば，「LINEの適切なコミュニケーション」という子どもにとって現実の道徳的な問題を，話し合いを通じて解決していくという新しい道徳の授業として捉えられますし，今後の「考え，議論する道徳」や「問題解決的な学習」にも通じます。

　以前竹内氏とお話しをした際に，とても興味深いことをおっしゃっていました。それは情報モラルのワークショップをした際に，「○○禁止」という働きかけではなく，「○○というトラブルに巻き込まれたらすぐに教えて。助けるから」という一貫した態度で実施しているということです。常に危険と隣り合わせにある子どもたちを私たちは守りますよというスタイルの方が，圧倒的に子どもたちに届いていくのです。「子どもは加害者にも被害者にもなりうる」と先に述べました。竹内さんは「被害者になりうる子どもを守る」という側面からアプローチし，結果として彼らがスマホやネットの正しい使い方を身につけることで，彼らが加害者になる危険性を減らそうとしています。

## COLUMN
## 道徳って一体何なのか？

　私は，道徳教育とは子どもたちの心の畑に新たな価値観のタネまきと，既存の価値観に肥料を与え育むことだと考えています。

　未来の日本を生きる子どもたちは，現在よりも困難な道を歩むことになるでしょう。

　たとえば，コンピューターが全人類の知能を超えてしまう「シンギュラリティ」が2045年に訪れてしまうといわれています（『シンギュラリティは近い―人類が生命を超越するとき』レイ・カーツワイル，2005）。あるいは，人口減少により，2031年度に厚生年金の積立金が枯渇し，事実上破綻してしまう恐れがあると厚労省が予測しています。（読売新聞・毎日新聞　2009年5月2日付け朝刊）

　この2つだけ取り上げても，現在とは比較にならないほど，難しい時代をこれからの子どもたちは歩んでいくことがわかります。

　だから，私は子どもたちに共生していくことの大切さを伝えていくようにしています。そして，その軸を中心にし，将来も見据えながら道徳授業をおこなっています。

　と，少し難しい話をしましたが，最初はあまり難しく考えず，普段の日常生活の中で子どもたちの心に何か訴えられそうだなと直感で感じたものから，道徳の授業を考えていくことをおすすめします。

　たとえば，AC（公共広告機構）のCMで使用されていた相田みつを氏の「セトモノ」（『しあわせはいつも』）という詩。

私はこの詩を用いた CM がテレビで放映されているのを見て，すぐにこれを使って道徳の授業をしたいと強く感じました。それはお互いに譲り合うことの大切さ，でも人ってなかなか変われないよね，といったことを伝えられると感じたからです。
　この授業はうまくいきました。それは授業だけがうまくいったのではなく，授業後に子どもたちの行動に少し変容が見られたからです。

　道徳の授業は奥深く難しいものです。失敗もたくさんするでしょう。でも，あらゆる伝え方ができるのもまた道徳なのです。
　まずは普段の日常生活の中で，子どもたちの心に訴えられそうなものは何かあるかなといった視点を持ちながら過ごしてみてください。すると驚くほどたくさんの教材が見つかるでしょう。
　まずは伝えたい軸をもとに，自分のやってみたいように道徳の授業をやってみてください。
　難しく考えず，シンプルに。

奈良市公立小学校教諭　　小野領一

(注)
問題解決学習における「問題」とは何かという議論があります。これには2つの考え方があり、一つは子どもたちが設定した生活における「問題」、もう一つが教科学習において教師によって設定される「問題」です（清水、1995年）。そういった意味においては、道徳科において「問題解決学習」と呼んでも、歴史的な経緯を踏まえれば特に問題はないといえるかもしれません。

第4章

やってみよう！
道徳の
授業づくり

　さて,いよいよ道徳の授業をつくっていきましょう。

　ここまで読んできて,何となく道徳教育や道徳科でやるべきことは見えてきたかもしれません(見えてきたよね?)。でも,実際に授業をおこなうとなると,いろいろなことを考えていく必要があります。

　その授業でなにを子どもたちに考えてもらいたいの?
　考えてもらうためには,教師はなにをしなければならないの?
　授業ってどうやって組み立てるんだろう?
　教科書って絶対使わないといけないの?
　そういやワークシートとか使うよね?

板書ってどうしたらいいの？
道徳教育って評価はどうなってるんだ？

いろんな疑問に一気に答えようとするのが，本章です！

この章を読んで，「あれ，なんか授業ができそうな気がする！」と感じてもらえれば幸いです！

# ねらいの設定

　実際に道徳の授業を組み立てていくとき、特に気をつける点は４つあります。それは、①ねらいの設定、②発問の工夫、③考え議論することを活用する、④授業づくりの三要素を活かす、になります。以下それぞれ見ていきましょう。

　教育は意図的な活動なので、授業には「ねらい」（目標）が必ず存在します。その授業で何を学ばせるのか、どういったことを子どもに伝えたいのか、何を知ってほしいのか、何に気づいてほしいのか、授業者としての教師にはいろいろな想いや願いがあり、それが授業のねらいとなって表れてきます。

　地域や学校によって書き方は様々なのですが（ホント少しずつ違ったりするのでご自身の都道府県や学校の書式に合わせてくださいね）、たとえば、多くの都道府県では、道徳の指導案では次のようなねらいの書き方を行っています。

「（A）を通して、（B）しようとする（C）を育てる」

（A）（B）（C）にはそれぞれ下記の内容が入ります。
　（A）：教材の活用部分や活用方法（〜について考えさせる、〜に気づかせるなど）
　（B）：内容項目や指導の観点など
　（C）：道徳性の諸要素（道徳的判断力、道徳的心情、道徳的実践

意欲と態度など)

この書き方に従って,実際にねらいを記すと次のようになります(これは『あいつもともだち』という絵本を用いた道徳の授業を想定しています。とても良い絵本です!)(注1)。

---

(A)偏見を捨ててヘビに会いに行くキツネたちの姿を通して,(B)誰に対しても分け隔てをせず,公正,公平な態度で接しようとする(C)道徳的実践意欲と態度を養う。

---

このねらいの書き方の良いところは,(A)の箇所において授業で焦点化するところがはっきりするところです。どこに一番時間をかけるのか,子どもたちに考えさせたいポイントが明確になるので,発問がつくりやすくなります。

また(B)では内容項目に結びつけた今後の子どもたちの理想とする姿,こういうふうになってほしいなぁという「願い」が描かれます。でも,あくまで「〜しようとする」といった子どもの「意図」を促すものです。

最後に大事なことを! それは「どんなときも公平でありなさい」と教えることが「道徳の時間」のねらいではなくて,「公平に接することができない時もあるよなぁ」と自分を見つめ,「そもそも公平ってどういうことなんだろう?」と道徳的価値について考えを深めていくということです。それを通じて,「望ましい生き方,よりよい生き方ってどういうことなんだろう?」と実感として考えることが大切になってきます。

# 発問の工夫

　具体的な発問のつくり方については，ちゃんと後で書きますので，ここでは基本的なことを載せておきます。

　発問とは，そもそも「答えを知っている人（教師）が，知らない人（子ども）に対して，思考や認識を深めるために発する問い」を意味します。ということは，教師は「答え」を準備した上で，発問をつくるということが大前提になります。

　この発問には，一問一答型の発問もあれば，授業の中心となる道徳的価値と深く結びついた「中心発問」といったものもあります。中心発問の後に，話し合いを活性化させたり子どもたちの思考をゆさぶる発問として，「補助発問」（「切り返しの発問」といわれることもあります）というのもあります。これらについては後ほど見ていきましょう。

　さて，「道徳は答えがないからね」なんて言われることがありますが，これは半分本当で半分違います。授業の中で発問をする以上，「答え」（＝気づかせたい道徳的価値の本質）は準備しておかないといけません。その「答え」が，実は先ほどのねらいと結びついてきます。（B）のところがそうですね。ここが焦点化されていないと，実は発問がつくれません。子どもたちが持っている常識や当たり前を明確にし，そして発問によってゆさぶって新しい世界へと導いていく，そのための発問です。

　ただし，「答えがない」ということも一理あります。道徳の授業の場合，場面理解（この時主人公はどのように感じていたでし

ょう?),事実認識(アパルトヘイトとはなにか)といったクローズな答え(着地点がはっきりしたもの)を授業のゴールにするわけではないですよね。それらを通じて道徳的価値についての捉え方や考え方をも成長させようとするので,中心発問は唯一無二の答えを準備できるようなものではなく,多様な「答え」(捉え方や考え方)が導かれるような問いになるのです。

先ほどのねらいから導かれる中心発問なら,たとえば,「偏見を持たずに友達に接するために,私たちはどういったことに気をつけなければならないだろう」というものが考えられます。噂を信じないようにするとか,まずは直接話しをしてみるとか,偏見を持っていることを自覚するとか,いろんな子どもの反応が予想できるわけです。これって実にオープンな問い(さまざまな答えが出てくる問い)です。

要は,道徳の発問づくりは,子どもたちに考えてもらいたいことを焦点化するために「答え」を準備すること(クローズな問い)と,その「答え」を踏まえて,子どもたちが道徳的価値の本質に気づいていけるようなオープンな問いを準備する必要があります。

このクローズな問いとオープンな問いが,後に説明する場面発問とテーマ発問に関わってきます。

|  | 発問の種類 | 発問の型 |
| --- | --- | --- |
| クローズな問い | 場面発問 | 一問一答 |
| オープンな問い | テーマ発問 | 中心発問 |
|  | ゆさぶり発問 | 補助発問 |

# 考え，議論する道徳の授業

　考える道徳，議論する道徳の理論的な背景については第3章でかなり詳しく書きました。ですので，ここではそれをどう授業に活かしていくかということについて焦点を当てますね。

　考えることは，基本的には個人で行うことが中心です。みんなで考えることもありますが，みんなで考えるためには自分がどう考えているのか明確にしておく必要があります。これはつまり，授業時間内に，個人で考える時間を確保することにつながります。まずは自分自身どう考えているのか，課題に向き合う時間（I Time）を取ってあげる必要があります。

　最近の世の中の傾向として，即断即決という意味での「考えること」（thinking）は求められているのですが，じっくりと考えるという「熟慮」（reflective thought）はそこまで重視されていない感じがします（ちなみに thinking も thought もどちらも「考えること」なのですが，ニュアンスとして両者を分けてみました）。自分に向き合う熟慮の中で考えは整理されてきます。まずはそこを大事にしたいですね。

　ただ，それだけだと，独りよがりな考えに陥ることも考えられます。たとえば孔子は『論語』の中で，次のような言葉を残しています。

　「学んで思わざれば則ち罔し，思うて学ばざれば則ち殆し」（他人や書物から多くのことを学んでも，それをもとに自分で考えなければ，本当の意味を理解することはできない。また自分の独りよが

りの考えだけで他人から学ばないことも,非常に危険である。)

孔子は,学ぶこととは関わり合うこと,思うこととは自分の頭であれやこれやと考えを巡らすこと,その両者が必要だと言っています。

孔子の考えに従うとなると,授業の中で必ず他者と関わる時間を保証しなければなりません。学級全体で話し合うのもいいのですが,これは発言する子どもと全く発言しない子どもに別れるので,2~4名程度の小集団で意見交換し,話し合う時間(議論する・対話する時間)を必ず確保しましょう。

教室にはいろんな考えを持った他者がいます。似たような考え,ちょっと違う考え,全く違う考え,様々です。いろいろな考えに触れることで,「多様性の感覚」が培われてきます。ここにおいて教師の最大の役割は,対話を促していくファシリテーションにあります。多数意見の真理だけでなく,少数意見の真理にも子どもたちに気づかせる必要があります。

多様性に気づかせる教師の感覚は,間違いなく子どもたちに伝播していきます。多様性に対して敏感になるということは,自分の独断的な考え方に,「ちょっと待って!」という心の声を発することにつながってきます。「自分はこう考えているけど,自分とは違う考え方をする○○さんは,異なった視点から意見を言うかもしれないなぁ」なんてことが頭の中で自然に生じてきます。

**自分自身で考える→他者の意見を聞いてみる**
**→みんなで考えてみる→再び自分で考える**

考え,議論するための流れを授業の中に入れていきましょう。

# 授業の三要素を活かした授業づくり

　授業づくりの三つの要素を三角形で表してみました。

　私が授業で大切にしたい三要素がこれです。一筋縄ではいかないというモヤモヤ感（認知的な不均衡）と，ワクワク感，つまり学びに向かっていく楽しみ（関与：没入や興奮），そして活動することです。

　ではまずは認知的な要素から見ていきましょう。

　授業は当然，授業を受ける前よりも新しいことが知れた，なにかがわかったという認知的側面での成長，あるいは知識の獲得があります。ただその知識獲得に伴って，葛藤やモヤモヤ感といった，これじゃ納得できないところもあるよなという認知的な不均衡をもたらす必要があります。

　でも，不均衡な状況がずっと続くのってすごく嫌ですよね。モヤモヤから逃れたいという欲求によって，不均衡が均衡状態になる（スッキリした！）ときに，成長（発達）が見られます。先に紹介したコールバーグは，この認知的不均衡が均衡状態になったときに道徳性の発達がもたらされるとしています（コールバーグ理論そのものは次章で詳しく！）。

　関与の要素についても見ていきましょう。この情意的側面は

授業において非常に大切だと感じています。私流に言い換えるとそれは、課題に向き合っていくときのワクワク感であり、真剣に楽しんでいる**プレイフル**な時間であり、課題に没頭、没入しているという**フロー**な状況を指します（プレイフルとは同志社女子大学の上田信行氏が提唱している概念です）。

フローとは、**チクセントミハイ**（M. Csikszentmihalyi）という心理学者が提唱した概念で、物事に熱中しているときは時が流れる（flow）ように過ぎていき、かつパフォーマンスの質が高いというところから名付けられました。50分間の授業の中でフローの状況を少しでもつくり出していくこと、授業に熱中する要素があれば（それは教材かもしれませんし、発問かもしれません）、より深く道徳を子どもたちは学んでいってくれるはずです。最低限、授業者としての教師が「これはおもしろい」と感じることができる授業づくりを目指しましょう。

活動はもはや言うまでもありません。ただ、ここで気をつけてほしいのは、この活動が目に見える外的な活動だけを表しているのではないということです。そういった外的な活動に加えて、自分自身と対話（**自己内対話**）するという内的な活動も重視しています。話し合いなどの協働的な活動をすればいいというわけではなくて、自分の頭の中が「活動する」という意味での活動です。こういった要素も授業では求められてきます。

以上、授業づくりの三要素、活動を通じたモヤモヤワクワクを活かしてみてくださいね。

# 指導案の書き方

　道徳に限らず，全ての教職課程において学生がもっとも困るのが（そしてもっとも嫌がるのが），指導案を書くことです。でもこれは学生時代に絶対に身につけておかねばならない「技術」だと思いますし，書けば書くほど上手になってくるので，まずはここで指導案の型を学んでおいてくださいね。

　そもそもどうして指導案が必要なのでしょうか？　**授業とは，子どもと教師が教材**（教育内容）**を介して関わり合う活動です。**教師が子どもに働きかける，子どもがそれに反応して，教師に働きかける，教師はそれを受けて再び子どもに働きかける，この相互作用が教材を通じて続いていくのが授業なんです。

　そう，指導案はこのやりとりを事前に想像して，書き示していくものです。いわば，授業を事前にシミュレーションする作業です。

　この作業を怠った授業はどうなるでしょう？　授業のねらいが定まらず，話があっちにいったりこっちにいったり，一体なにを学んだんだろうという「わからない授業」になってしまう可能性が高いですね。シミュレーション不足ですので，子どもから思わぬ反応が出てきても対応できない場合が多いです。時間配分も甘いものになってしまうでしょう。

でも,指導案に過度にこだわった授業展開も考えものです。指導案はあくまでも「案」＝予想です。教師が望む答えを言ってくれるまで子どもを当て続けたり,脱線を許さなかったり,そうなると「面白味のない授業」になってしまうかもしれません。授業はライブです。実際の授業はなにが起こるかわかりません。指導案のとおりに進んでいく場合もありますが,授業中に即興的に魅力ある展開を思いつくこともあるかもしれません。

さて,実際の指導案ですが,予め断っておくことがあります。それは,書き方に全国統一のフォーマットがあるわけではないということです。教科によっても異なりますし,都道府県でも異なります。場合によっては,学校や先生によって異なります。教育実習や研修などで実際に指導をしてくれる方のやり方に合わせるようにしてください。

一般的には,道徳の指導案では①主題名,②資料名,③主題設定の理由,④児童生徒観（実態）,⑤資料について,⑥本時のねらい,⑦指導の流れ,⑧評価の観点,⑨板書計画が記載されます（ほぼ同様のことが『解説』にも記載されています）。

## ①主題名

ここには内容項目を書きます。たとえば,「A—正直」「C－規則の尊重」などです。年間指導計画（第2章50ページ）と連動させましょうね。

## ②資料名

その時間に扱う資料名を記載します。出典も明記しておいてくださいね。独自資料を用いる場合は,「～に関する独自資料」

と記入してください。

### ③主題設定の理由

ねらいとする価値の解説を書いてください。価値項目については新学習指導要領『解説』にそれぞれ説明がしてありますので、それを参考にしながら、教師としてその価値をどう捉えているのか書くようにしてください。

### ④児童生徒観（実態）

主題設定の背後には、自分の学級の子どもたちの実態があるはずです。新学期が始まったばかりでまだ人間関係がうまくつくれていないとか、ルールを自分勝手な解釈で変えてしまう子どもが多いとか、周りの目を気にしすぎて自分らしさがなかなか出せていないとか、卒業に向けて不安を感じている子どもがいるとか、いろいろあると思います。「○○という実態があるので、△△という主題を設定した」という書き方になりますね。

### ⑤資料について

授業をするにあたって資料の分析は欠かせません。その資料には何が示してあるのか、どういう特徴があるのか、主題設定や児童生徒の実態と関連するように書いてください。

### ⑥本時のねらい

先程のねらいの設定の箇所（84ページ）を参考にして記してください。

第4章　やってみよう！　道徳の授業づくり

## ⑦指導の流れ

「導入」—「展開」（「展開前段」と「展開後段」2つに分ける場合もあります）—「終末」という流れに時間配分を入れて記載されるのが一般的です。具体的な流れは授業によってさまざまですので，本章第一節（84ページ）を参考にしながら，できるだけリアルに自分の授業をシミュレーションしてみてください。より具体的な展開方法については次節まで待ってくださいね。

指導の流れなので，ここで記載すべきことは，教師はどのような働きかけ（「発問」や「説明」など）をするのかということと，それに対して子どもはどのような反応を示すのかという予想を立てることです。このやり取りを事前に想像する，シミュレーションするのが，指導の流れで記載すべき事柄です（留意することも書きますけどね）。

## ⑧評価の観点

授業でねらっていたことが達成できたのか，あくまで本時のねらいに即して，評価の観点をつくってください。評価については後ほど（110-113ページ）まとめますね。

## ⑨板書計画

黒板（ホワイトボード）を使う授業を展開するなら，なにを板書するのか，どこに何を書くのかなど，ある程度の見通しを立てておく必要があります。板書計画を立てておくと授業が構造化されるので，授業者にとっても頭の中がスッキリします。

# 指導の流れ

　先ほどは，指導案の全体について説明しました。ここでは実際の授業場面を予想していくことについて考えていきましょう。

　本節では「道徳教育に係る評価等の在り方に関する専門家会議」(2016年，以下「専門家会議」と略記)において，質の高い多様な指導方法として取り上げられた「読み物教材の登場人物への自我関与が中心の学習」を元に指導の流れを説明します。問題解決的な学習，体験的な学習を主としたものでは展開は異なります。それらについては第5章で！

　それから，最近は展開部を前段と後段にあまり分けないのですが，本書の読者層はおそらく実践に慣れていないかなぁということで，あえて前段と後段に分けて書いておきました。

〈導入部〉

　どのように授業に入っていくか，これって非常に大事なポイントです。導入で子どもたちを「あっ」と言わせる必要があります。視覚に訴えるもの（写真，映像）でもいいでしょうし，聴覚に訴えるもの（音楽や物音），あるいは実物でもいいかもしれません。ある先生はネット掲示板の罵り合いを提示してから，「どうしてこんなことが起こってしまったんだろう」と話してから情報モラルの授業を始めました。大切なのは，子どもたちが驚き，関心を示すことです。ただし，長くても5分までに収めてくださいね。

## 〈展開前段〉

さて、導入で子どもたちの気持ちをつかんだら、授業本体に入っていきましょう。展開前段では、読み物資料を読み解いていく中で、主人公の考えや行為を把握し、ねらいとする道徳的価値を明確にすることが主としてねらわれます。場面発問が多くなるのも展開前段です。**この読み物資料の中でどこに焦点を当てるのか**、事前に教師が把握しておく必要があります。

## 〈展開後段〉

展開前段において扱うべき道徳的価値が明確になったら、次は資料から抽出された**道徳的価値を自分との関わりで考えてみること（「自我関与」）**が、展開後段でねらわれています。子どもたちは話し合いなどを受けて、登場人物に自分を重ね合わせることを通じて、道徳的価値を捉えていきます。これは読み物資料が、自分たちにも関わってくることなんだということに気づかせるために必要なことです。実はここにおいて、道徳的価値が子どもにとって「きれいごと」で終わることが多々あります。道徳的価値の理解を深めていくために、この段階で子どもたちをゆさぶる発問、つまり補助発問を入れると、効果がある場合もあります（102-103ページ参照）。

## 〈終末〉

いろいろな道徳のテキストでは、教師の説話で余韻を持って終わると書いてありますが、もちろんそれでも構いません（扱った価値に関わる「意味のある話」を準備する必要がありますよ）。ワークシートを用いている場合も多いでしょうから、授業のまとめを各個人でしてもいいでしょう。導入部で示した資料が最後に意味を持ってくる場合もあります。

# 場面発問とテーマ発問

　授業が深まること，それは子どもたちの学びが深まることと非常に関係しています。そして，授業が深まるかどうかは，教師の発問の出来にかかっています（道徳の授業に限定されることではないですけどね！）。

　文部科学省の元教科調査官で現在東京学芸大学に勤務している永田繁雄氏は，厳密に分けられるわけではないという但し書きをしながらも，道徳の授業の発問を大きく２つに分類しています。それは，**場面発問とテーマ発問**です。以下見ていきましょう。

〈場面発問〉
　場面発問とは，読み物資料のある場面において，主人公などの気持ちや行動の理由を問うための発問です。「このとき，主人公はどのような気持ちだったでしょうか？」なんかがこの発問に該当します。

　この発問の利点は，子どもたちが読み物資料を丁寧に読んで，話を理解する上では非常に効果があるというところにつきます。登場人物の気持ちの変化や考え方がどう変化していったのか，一つ一つ丁寧に押さえていくことによって，その授業で扱っている道徳的価値の理解をすすめることが可能です。

　ただし，場面発問の限界もあります。場面発問の多い授業は，資料を読み込むことに焦点を当ててしまうので，登場人物の心

情の移り変わりについての理解は深まりますが、読み物資料は自分とは関係のない話だ、あるいは「きれいごとだよね」と子どもに解釈される可能性がありますし、子どもたちに「こう答えたらいいんでしょ」と「わかっていること」を伝える授業になってしまう可能性があるということです。

これまでも提示してきましたが、新学習指導要領の『解説』（と「専門家会議」）で、次のように指摘されています。「読み物の登場人物の心情理解のみに偏った形式的な指導が行われる例がある」。これは、場面発問に終止した授業づくりのことを指していると考えられます。

「国語と道徳は授業において何が違うんですか？ すごく似てますよね？」という質問を学生や初任者の方から受けることがよくあります。本当は全然違うんですけど、こう質問されるのも無理はないかなぁとも思います。というのも、場面発問だけだと、読み物資料を子どもたちがどう読み解くかという授業になってしまうので、「文章を読み解く」という点においては、国語の授業との区別はつきにくいものになってしまいます。

ただし、道徳の場合は、あくまで読み物資料などを通じて、**道徳的価値を自覚し、内面化を図っていく**ところにねらいがあります。教材を読み解くのは、あくまで道徳性を育成していくための手段であって目的ではないということを肝に銘じなければなりません。

〈テーマ発問〉

一方、テーマ発問とは、授業を貫いているテーマ、そのほとんどは授業の主題となっている内容項目（価値項目）ですが、

それについて子どもたちが掘り下げたり，あるいは追求していく発問を指します。

たとえば，「主人公は〇〇という判断をしたけど，自分ならどうするのか？」，あるいは「主人公は思いやりについて〇〇と言っていたけど，本当にそう言い切れるのか？」，「主人公のしたことは本当に良いことか？」という発問です。

読み物資料を使う授業の場合，テーマ発問を単独で用いるのは難しいかもしれません。読み物資料の共通認識がない中で，その時間の授業のテーマを話し合ってしまうと，その後の話し合いで論点が噛み合わないというような無用なズレが生じてしまうからです。そういった意味では，展開前段においては場面発問，展開後段においてはテーマ発問というように組み合わせて用いたほうが効果が上がると思います。

また学年によってもテーマ発問は難しい場合もあります。小学校の低学年で，いきなり「正しいことってなんだろう？」「自由ってなんだろう？」なんて授業は難しすぎますよね。ある程度「正しさ」とか「自由」とかについて学校や家庭で経験してから語れる概念であって，そんなこと考えたこともないという子どもたちに突然考えさせるのは少々無理があります。（もちろん段階を踏めば，そして学校の雰囲気そのものが探求的なことを推奨しているのであれば，幼稚園生でもこういう哲学的な問いを考えることも可能です！「ちいさな哲学者たち」（2011年，フランス）という映画，おすすめです！）

このような注意点があるにも関わらず，やはり私はテーマ発問に挑戦してほしいと思っています。挑戦というよりも，必ず取り入れてほしいと思います。なぜならば，テーマ発問によっ

第4章　やってみよう！　道徳の授業づくり

て，子どもたちは本当の意味で考え始めるからです。なぜ考えるか？　読み物資料の中に「答え」が載っていないからです。載っていない以上，自分で考えざるを得ませんよね。ということは，授業を準備する教師も考えざるを得ないので，教師自身の道徳的価値に対する考え方が深まります。

　これから生きていく世界を考えても，「答え」が準備されている問い（検索可能な問い）と同じくらい，解が分からない問いも世の中に溢れてくることが予想されます。私はこう考える，他人はこう考えている，それを踏まえた上で「じゃあ私たちはどうしていくんだ」ということを考える「能力」が必要になってくるでしょう。また他人との間で「最適解」「最善解」を見つけていくことも必要になってきます。そういった力を伸ばしていくためには，テーマ発問を積極的に授業に導入するしかないと思っています。

　おあつらえされた「答え」へと子どもたちを向かわせる授業ではなく，子どもたち自身に投げかけられた「自分ごと」の問いとして考えさせる，それがテーマ発問の醍醐味です。

　何度も繰り返しになりますが，ねらいと直結する道徳的価値が，子どもたちが習得しなければならない「答え」ではありません。もしこうなってしまうと，「きれいごと」を教える道徳の時間になってしまいます。そうならないためにも，テーマ発問を駆使してみましょう。

　あくまでねらいは，**自分との関わりの中で道徳的価値をしっかりと考えること，そしてその上でよりよい生き方を探っていくことです。**

# 教師の「補助発問」で授業を深める

　私が以前拝見した道徳の授業（小学校4年生）では、「偏見を持たずに友達と接すること」について授業を行っていました。授業も終盤にさしかかり、どうすれば偏見を持たずに人間関係をつくっていけるのか、これからどのように人と接していくのか、子どもたちがワークシートに自分の意見を書いて各々発表していました。そして、発表がひとしきり終わった後、先生がこう切り返しをしました。

　「みんなが言っていることは先生よくわかった。それらが大切なのは明らかです。でも、みんなできていないときありますよね。どうして人は噂話を信じてしまうんだろう？」

　子どもたちは、ぎくり！としていました。自分たちが発表したことが、先生によって「きれいごとを書いてる」と見透かされたと感じたのでしょうか。この教師の発問によって、子どもたちは噂を信じてしまうことや、偏見を持ちやすいことについて、再度考え始めました。一旦子どもたちの言葉で表現された価値（他人との望ましい接し方）を、再び自分たちの目で客観的に見つめてみる、それを意図した教師の発問でした。

　このような教師の発問を、**補助発問**、あるいは切り返し（問い直し）発問、ゆさぶり発問といいます（地方によって言い方が違っています）。子どもたちが持っている考え方や思考、認識に対して、「本当にそうなのか？」と常識や当たり前を改めて問うことは、子どもたちを新しい認識の地平へと導くきっかけに

なります。批判的（critical）に物事を見ていくことによって，私たちの思考力や論理力といった考える力は確実に育成されてきますし，これからの道徳教育において非常に大切な要素になってくると考えています。ちなみに「批判的」とは物事の当たり前を問う，自分のものの見方を問うという意味で，誰かを批判するという意味ではないですよ。

このような子どもの認識をゆさぶっていく教師の発問は，以下のように大きく類別されます。

○**なぜ（どうして）～なのか？**

　　根拠や理由について考える問い

　　　例：なぜ私たちは噂を信じてしまうのだろう？

　　　　　どうして素直になれないときがあるのだろう？

○**そもそも～って何だろうか？**

　　根拠について改めて考えてみる問い

　　　例：そもそも「責任ある行動」って何だろうか？

　　　　　○○が生じる原因って何だろうか？

上記の発問は子どもの認識を活性化させますが，注意しなければならない点もあります。それは，このような発問を子どもたちが考えるだけの下準備が授業中に用意されていること，つまり，授業中に積み上げてきたものがあって，はじめて問い直しの効果が現れてくるということです。

また，なぜ（どうして）系の発問は，道徳的価値に焦点を当てなければ，読み物資料などから子どもたちが推測した「～だからです」という事実的な答えを導くだけになってしまうこともあります。道徳的価値について改めて問い直しができるような，知見を深めていけるような発問を考えていきましょう。

# さまざまな教材で豊かに学ぶ

　道徳の授業で用いられる教材は，何も読み物資料だけではありません。新聞や雑誌，絵本，歌の歌詞，ポスター，漫画，ニュース映像，時事問題，CM，国際NGO団体が出している啓発ムービー，世の中は教材になる素材で溢れています。そうです，素材に教育のねらいが加わると，それは教材に様変わりします。独自教材はいくらでも創り出すことが可能です。
　たとえば，次の広告ポスターをご存知でしょうか（注2）。

「ボクのおとうさんは桃太郎というやつに殺されました」

　この作品のタイトルは「めでたし，めでたし？」。桃太郎は通常正義の味方で表現されていますよね。桃太郎は都を荒らす鬼を退治したヒーローなんですが，鬼の子ども（本当にいたかどうか知らないですが）からしたら，自分の親を殺した張本人が桃太郎＝悪者なんですよね。「物事を眺める視点を変えて考える」ための教材として活用可能です。
　また，歌の歌詞を道徳の授業に用いている教師もいます。千葉の柴田克氏は『J-POPで創る中学道徳授業』（明治図書）という本を出版しておられます。私の知り合いの若手の中学校教師は，「世界の終わり」（現SEKAI NO OWARI）の「天使と悪魔」を用いました。

「いじめは正義だから悪をこらしめているんだぞ」

「もし僕が正しくて君らが間違いなら　僕らは戦う運命にあるの？　僕らはいつも『答』で戦うけど　2つあって初めて『答』なんだよ」

「いじめは正義」って歌い出し！　中学生にとっては，なかなか衝撃的です。この授業は，この言葉をきっかけに「正義って何だろうか？」ということを扱いました。

　普段何気なく見ている景色にも，聞いている曲にも，教材になりうるものはたくさんあるのです。

　でも，もしかしたら，こんな疑問を持つ人もいるかもしれません。「独自教材っておもしろそうだけど，教科書を使わなくて大丈夫なの？」。大丈夫です！　新学習指導要領の『解説』には，次のように書いてあります。

> 「教材の開発に当たっては，日常から多様なメディアや書籍，身近な出来事等に関心をもつとともに，柔軟な発想をもち，教材を広く求める姿勢が大切である。」
>
> 「道徳科においても，主たる教材として教科用図書を使用しなければならないことは言うまでもないが，道徳教育の特性に鑑みれば，各地域に根ざした郷土資料など，多様な教材を併せて活用することが重要である。」

　教科書の使用義務はありますが，教材開発を否定しているわけではありません（そんなことしたら，多くの教師はきっと怒ります）。目の前の子どもたちにもっとも合う教材はなにか，教科書を補完するような教材はないだろうか，日常生活にアンテナを張り巡らして探してみてください。きっとたくさんあるはずです。

# ワークシートのつくりかた

　ワークシートを用いる授業が一般的になってきています。その利点は，授業の流れに沿って，子どもたちが頭の中を整理できること，ならびにそのワークシートを集めていくことで，ポートフォリオ評価に結びついていくことがあげられます。つまり，ワークシートは授業を進めていくためのツールでもあり，評価の材料にもなるということです（というわけなので，「道徳の評価」の箇所も併せて読んでください）。

　ワークシートは授業を受けていく中で，徐々に埋まっていくことを前提としています。ということは，授業の最初に子どもが考えていたことと，授業が終わる頃に考えていたことの違いが，ワークシートを見ることによって明らかになった方がいいといえます。1時間の授業において，子どもの思考の流れや変化が目に見えてわかるのがワークシートなのです。

　ワークシートは，自分の担当する子どもたちの書く力に大きく左右されます。普段から書くことに力を入れているクラスであれば，多少記述するスペースが大きくても大丈夫でしょうが，書くことが苦手な子どもが多い場合は，スペースを小さくしてイラストなどを多めに入れるという工夫もできます。「道徳の時間」（道徳科）のねらいは，書く力をつけることではないので，そのあたりは柔軟に考えましょう。

　また，自分で考える時間（I Time）に，ワークシートを活用することをおすすめします。「話し合ってみましょう」といっ

ても，考えながら話すことってなかなか難易度の高い行為です。でも手元に自分の考えたことが書いてあれば，とりあえずはそれを見ながら話すことができます。

あと見落としがちなのは，授業を聞かなくても書けてしまうワークシートをつくらないということです。教師が丁寧に発問すべてをワークシートに印刷してしまったせいで，まるでテスト問題を解くかのように，子どもたちが先生や仲間の話を聞かずにワークシートに取り組む，こんな姿を見たことがあります。授業なのに，道徳の自学自習の時間になっていました。ワークシートには最低限の言葉しか入れないように注意しましょう。

ではワークシートには，どのような項目を入れていけばいいのでしょうか。どういった授業を展開するかに大きく左右されますので，一概にこれということは言えませんが，少なくとも次の３つは入っていた方がいいと思います。

## ○展開前段において考えさせたいポイント

読み物資料など教材の第一印象や，子どもが最初に考えたことを書く箇所。

## ○展開後段の「道徳的価値の捉え方」に関わるポイント

道徳資料から離れて，自分自身が道徳的価値をどう考えるのか，自分と関連付けて考えることを書く箇所。

## ○授業で考えたこと（自分なりのまとめ）

いわゆる授業の感想にあたる箇所。授業を振り返ってみて自分の考えがどう変わったのか，深まったのか，そのあたりを自由に記述する箇所。

子どもの手元に残るのは，最終的にはワークシート。後で見返しても，考えた軌跡がわかるものにしましょう。

# 教材やねらいに応じた板書

　板書ってなぜするのでしょう。意味もなく書いているわけじゃないですよね。板書の主要な役割は、授業内容を構造化すること、子どもたちの思考の流れを可視化すること、論点を明確にすること、子どもたちの創造力をかき立てることなどにあります。板書の持っている役割は絶大です。

　道徳の授業の板書には、さまざまな教材の特質に応じて、いくつかのパターンがあります。ここでは教材に応じた板書の一般的な方法を2つ提示していきます。

○読み物資料を中心とした板書

　多くの板書が、右から左（あるいは左上から右下、縦書きでも横書きでもどっちでもいいですよ）へ、授業の流れに沿った時系列型で書かれています。みなさんがよく見たことがある板書かもしれません。展開に併せて場面絵（場面発問に応じた絵）を貼っていくこともあります。

　多くの読み物資料は、登場人物の気持ちや行為の移り変わり、主人公とそれ以外の人物が対比的に描かれています。そういった対比や類似を構造化しつつ、子どもたちの発言をもとに黒板にまとめていきます。読み物資料によっては登場人物の考えや行為に賛成か反対を問えるものもあるので、それを板書上で構造化することも可能です。

○授業のテーマを中心に展開される板書

　これは黒板の真ん中に授業のテーマを書いて、派生していく

形になります。マンダラ型と私たちは読んでいます。そんなによく見かける形ではありませんが、歌詞やポスターなど教材の抽象度が高い場合は、時系列に読み取る必要もなくかつテーマがはっきりしているので、マンダラ型の板書が用いやすいといえます。中心にテーマを大きく書いたら、だいたい黒板を2分割（場合によっては4分割）してそれぞれのスペースで授業の内容を構造化していきます。

　以上は、教師が主としておこなう板書ですが（もちろん子どもが板書しても大丈夫です）、子どもたちが自分たちで話し合い活動をすすめていく一つの手法として**ファシリテーショングラフィック（ファシグラ）**を紹介したいと思います。

　多くの人は初めて聞いた言葉かもしれません。ファシグラとは、話が拡散しがちな会議などで、何を話しているのか、どう議論が進んでいるのかをファシリテーターが模造紙などに絵や文字を用いて図式化、構造化を図っていく手法です。基本的には板書と一緒です（が、板書はかなり書くことを精選するのに対して、ファシグラは発言のまま書くことが多いかな）。教師主導の話し合い活動から、子どもたちが自分たちで話し合いを展開していく、そういう授業を目指してもいいのではないでしょうか。

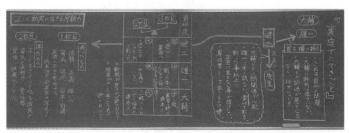

大阪教育大学附属天王寺中学校　荊木聡先生の板書

# 評価の方法
## ―個人内評価とポートフォリオ評価―

　道徳教育が教科化されることで，一番話題を呼んでいるのが評価のことかもしれません。「子どもの人格や内面を評価するなんてどういうことだ！けしからん！」という声もチラホラと聞こえてきます。道徳における評価ってどう進めていけばいいのでしょう。

　そもそも**教育評価は，教育活動を振り返ること**です。教育活動が適切に展開されたのかを見極めて，さらに良い教育活動を展開していくためになされます。その際教育活動の結果を①子どもに返す評価と，②授業者に返す評価と，2通りあります。問題視されているのが①の点ですよね。

　では実際のところ，新学習指導要領では道徳教育の評価はどう書かれているのでしょう。

　「児童（生徒）の学習状況や道徳性に係る成長の様子を継続的に把握し，指導に生かすよう努める必要がある。ただし，数値などによる評価は行わないものとする。」

　まず，大前提として**数値評価はおこなわない**（評定しない）ということです。これは教科になる前からの考えを踏襲しています。とはいっても，やはり子どもの道徳性を評価することは人格を評価するようでなんだかなぁという人もいるでしょう。小学校の『解説』には以下のように記してあります。

　「道徳性とは，人間としてよりよく生きようとする傾向性であり道徳的判断力，道徳的心情，道徳的実践意欲及び態度の内

第4章 やってみよう！ 道徳の授業づくり

面的資質である。このような道徳性が養われたか否かは，容易に判断できるものではない。」

　道徳性の評価においては，100％完璧なものができるわけではないという大前提に立っていいんです。その大前提を理解した上で，**その子のよさや可能性，発達を積極的に認めていく**という評価をするということが大事になってきます。

　このような評価を可能にするのが**「個人内評価」**と呼ばれる評価法です。個人内評価とは，評価の基準を他者や外的なものに求めるのではなく，その個人においてどのような変化があったかを見取る評価です。つまり，相対評価のように誰かと比べての優劣を評価するのでもなく，目標準拠評価のように教育目標と照らし合わせて達成度合いを評価するのでもありません（注３）。純粋にその子どもの変化を見て，その子どもがどう成長してきたかを記述によって評価していきます。

　特に注意したいのは，**子どもたちを励ますような記述にする**という点です。少しの変化でも積極的に認め，勇気づけるような，そんな記述を心がけたいですね。人間って他人の欠点にはすぐ目がいくのですが，いいところって見逃しがちなんです。この子達のいいところを評価したいなぁと意識することで，自然といいところに目がいくようになればなぁと思います。

　以上述べた点は，「教師から子どもへの評価」と表されますが，「子どもが自分を評価する」という**「自己評価」**の視点が道徳教育にあってもいいと考えています。自分は昔と比べてどのように考え方が変わってきたんだろうか，以前と比べて成長したところってどこだろうと自分の変化を自分で確認していくことも大切ですよね。

これを可能にするのが,「**ポートフォリオ評価**」とよばれるものです。ポートフォリオ評価とは,自分の「作品」(授業での制作物など)を継続的に集めて定期的に振り返る中で,自分の学びを自己評価するものです。それと同時に,教師も子どもの学びを把握し,**教師の教育活動を評価**していくものです。

　道徳の授業での制作物？　そんなものあったっけ？

　ワークシートがあるじゃないですか。ワークシートをファイリングしておいて,学期のまとめとして子どもたちにワークシートを振り返らせてみるのはどうでしょう。自分の感想でピカイチだと思うところを抜き出したり,特に記憶に残っている授業を思い出したり,道徳の授業で学んだことを構造化するなど(これはちょっと高度ですね),道徳の学びを通じて自分自身の変化に気付いてもらうことが可能です。

　このポートフォリオ評価は,教師の授業改善にも一役買ってくれます。一役買ってもらうためには,道徳科のねらいに即してワークシートにひと工夫しておく必要があります。先ほどワークシートに載せておく項目を3つあげましたが,それと併せてワークシート作成の際に参考にしてみてください。

1. 今日の授業でわかったことはなんですか？
→道徳的価値をどの程度理解できているか,新しい気づきはあったのかなど,道徳的価値理解に関する把握。
2. どのような見方をすることができましたか？　他の人の意見で参考にしたい意見はどのような意見ですか？
→多面的,多角的なものの見方や考え方ができているか。
3. これまでの生活で今日の授業内容と似たような経験

をしたことはありましたか？
→道徳的価値と自分との関わりを考えられているか。
4．これからどうしていきたいと思いますか？
→授業の結果，自分自身はどうしたいか，どのように生きていきたいかについて考えているか。
5．今日の資料は興味深かったですか？
→教材そのものへの評価。評価の低い教材は，次年度使わないという選択が可能。

　これらの項目のうち，いくつかがワークシートに含まれていれば，授業のねらいとしたことが十分達成できたのかそうでないのか，教師は確認することができます。そして，これらは「指導案の書き方」（92-95ページ）の節で書いたその授業における評価の観点とも関わってきます。その授業で何を伝えたかったのか，理解させたかったのか，共感させたかったのか，それが評価の観点です。

　またポートフォリオを継続的に集めておくことによって，教師は子どもの変化を把握しやすくなります。結果，それは子どもへの評価として返しやすくなります。

　以上のことをまとめると，道徳科の評価においては，学習状況をポートフォリオを通じて把握することによって

・**子どもの成長（道徳性の変化）について，子どもを勇気づけ励ますような記述式の評価が可能になる**
・**子どもにも自己評価する機会が保証される**
・**授業（カリキュラム）改善に活かすことができる**

といえます。

## COLUMN
## 道徳教育とファシリテーショングラフィック

①ファシリテーショングラフィック

　私は，大学生の頃からまちづくり・組織開発の分野でファシリテーショングラフィック（以下，ファシグラ）を実践してきました。ファシグラとは，話し合いの場でファシリテーターが模造紙などにリアルタイムで内容を構造化することを指します。参加者の発言をかく（書く・描く）ことによって一つひとつを検討したり，共通する事項を見つけたりすることができ，全体の合意を得やすくなります。

②板書とファシグラ

　授業では，1時間の学びがわかるように，めあて，子どもたちの思考のプロセス，まとめを板書します。これはファシグラとも共通する事項です。しかし，一つだけ板書とファシグラでは根本的に異なる点があります。それは，板書は子どもがノートに写すという点です。ファシグラは，参加者が写すことを目的としてかくわけではありません。板書の場合，子どもたちがノートに写す時間を考えると，子どもの発言を短い言葉にしたり，時には教員が言い換える必要も出てきます。教科学習では，発言者の言葉をそのまま受け止め，安心安全の場をつくるというファシグラのよさを最大限発揮することは難しい部分もあります。

③道徳の授業とファシグラ

　しかし，道徳の授業では，子どもたちが板書を写す必要はほとんどないので，ファシグラ本来のよさを生かすことができます。道徳の時間では，最初に，今日の主題と関連するような場面をオ

ープンクエスチョンを使って子どもたちと話し合います。その後に，今日の主題を確認し，教材のあらすじを話します。展開部分では，教材を読み進め主題に迫る問いを元に子どもたちと考えながら20分ほどでまとめ，その後クラス全体で対話を進めていきます。

　下の板書写真は，導入から展開の終わりまでの内容を実際にファシグラしたものです。これによって，3つの効果が得られると考えています。1つ目は，発言を受け止めることで子どもたちも受け止めてもらったと感じクラス全体に安心安全の場が生まれやすくなること。2つ目は，絵や図を用いることで子どもたちの理解が進むこと。3つ目は，模造紙にかき残して，貼り出すことで，子どもたちに知識や価値の定着がしやすくなるということです。

　左の写真は，道徳の時間に平和について考えたときのファシグラです。他教科で使用するため模造紙にかきクラスに掲示しておきました。

　このように，道徳教育の中でもさまざまな使い方ができるので一度取り組まれてはいかがでしょうか？

横浜市小学校教諭　　石橋智晴

（注1）
『あいつもともだち』（内田麟太郎・作／降矢なな・絵，偕成社）
あらすじ──森の動物たちが冬眠に入っていくとき，キツネはヘビがちょっと苦手という理由で「また春までな」と挨拶ができませんでした。冬の間，ずっとそれが気になっていたキツネは，春になった季節にヘビに会いに行きます。

（注2）
この作品は，コピーライターの山﨑博司氏と小畑茜氏が制作したもので，2013年に新聞広告クリエーティブコンテストで最優秀賞を獲得しました。
http://www.pressnet.or.jp/adarc/adc/2013/no1_b.html

（注3）
相対評価とは，集団の中での個人がどのあたりに位置づくのかを明らかにする評価です。一方，目標準拠評価とは，教育目標と照らし合わせて個人がどこまでその目標に到達することができたのかということを基準に評価をおこないます。

# 第5章

# さまざまな道徳教育

いよいよ最後の章になりました。
ここまでお読みくださったみなさま, 感謝しきりです。
ありがとうございます。

この章では, さまざまな道徳教育の授業を取り上げていきます。ページ数の関係でそこまで多くの実践を掲載できませんでしたが, コールバーグの道徳性発達理論に基づいたモラルジレンマ授業, 問題解決的な学習, それから「専門家会議」で「道徳的行為に関する体験的な学習」が取り上げられましたが, それに属すると考えられるモラルスキルトレーニング, 構成的グループエンカウンター, ワークショップ型の道徳, そしてまとめとして対話への道徳教育を載せてあります。

　道徳の授業は，なにもここに書いたものが全てではありません。実に多くの実践がなされていますし，非常に魅力的な実践もあります。

　ぜひ多くの実践を知って，実際にやってみて，その中から自分のスタイルに合う授業を見つけていってほしいと思います。

　それでは最終章のはじまり〜！

# コールバーグ理論と道徳性の発達段階

　道徳教育の世界で，コールバーグほど世界中に影響を与えた理論家は現時点ではいないのではないかと個人的には思っています。私自身，研究の出発点はコールバーグでした。

　道徳教育は主として，なにをどのように伝えていくのかという教育内容（道徳的価値）と方法に議論が絞られていました。ところがコールバーグは，伝えられる道徳的価値云々ではなく，その価値に対する考え方，捉え方が発達段階によって異なるということ，さらに発達段階が上がれば上がるほど，判断の論理的一貫性や普遍性が増していくという新しい視点を提供したのです。つまり，「正直」という道徳的価値について，低い段階における正直の捉え方と高い段階における正直の捉え方は異なっており，高い段階になるほど正直と判断する理由づけの規範性や普遍性が向上しているということを示したのです。

　価値内容を教え込むのではなく，**ものの見方や考え方そのものを発達させればいいのだとの視点から生まれたのが道徳性発達理論**です。内容ありきで道徳教育を考えるのではなく，思考の形式で道徳教育を考えたという点で世界から注目されました。

　すでに第2章でも述べましたが，コールバーグにとっての道徳性は，正義（公平さ，公正さ）に関する判断です。この正義に関する判断の思考形式（考え方）が発達していくとしました。ではその発達はどのようにして生じるのでしょうか。彼の理論のベースは，**ピアジェ（J. Piaget）** に代表される認知発達

理論にあります。

　認知とは、ごく簡単にいってしまえば、世界を知ることです。これとこれはこういう共通点があるなとか、こんな違いがあるなとか、物事を関係づけたり類別したり、まとめたりすることです。そして、人間と環境との関わり**「相互作用」**(interaction)によって、認知、つまりものの捉え方を発達させます。このものの捉え方に不均衡（これまでの捉え方だと解決できなくてモヤモヤするバランスの悪い状況）が生じると、人はその回復を図ろうとします。再び均衡状態（新しい物事の捉え方ができてスッキリした状況）になったときに発達が進むとしました。

　この認知発達に伴って、誰かに言われたから、あるいは強制されたからそのように考えるといった他律的な段階から、自分の中の自律した判断基準によって物事を捉えていくという方向で発達していくのが道徳性の発達段階です。要は「他律から自律へ」の発達の道筋です。

　この他律から自律へという道徳性の発達段階に加えて、もう一つ大事な要素が**「役割取得」**(role-taking)です。役割取得とは、あの人はどんなことを考えているんだろうか、あの人が望んでいることは何だろうかと、他者の役割を認識することです。より多くの人の立場を考えていけるようになり、かつより深く他者の立場を考えられるようになればなるほど（これを難しい言葉で役割取得の拡大と深化といいます）、道徳判断は普遍性を増していきます。身近なAさんとかBさんのことだけ考えるよりも、その背後にもいるだろうCさんやDさんを踏まえた判断をした方が、より多くの立場を踏まえた判断になるので普

遍性が増していますよね。究極的には，全人類の立場を想像することも理論上は想定できます（できるかできないかは置いておいてね）。

では具体的にどのような発達の道筋を辿っていくのでしょう（右ページの表を参考にしてください）。発達段階そのものは第6段階までありますが，コールバーグや他の研究者によれば，小中学生はおおよそ第4段階あたりまで発達すると捉えられていますので，本書では第4段階までを解説します。

**第1段階**は「罰と服従志向の段階」と呼ばれています。正しいこととは，えらい人，自分より立場が上の人の言いつけを守ることであって，判断する基準は自分にありません。「先生に叱られるからやってはダメ」，「お母さんに誉められるから○○しよう」と考えるのはその典型です。人間の上下関係で正しいことが決定されます。

**第2段階**は，「道具的互恵主義志向の段階」と呼ばれています。お互いの利益になることが正しいこととなります。ギブアンドテイクの考え方ですね。上下で捉えていた人間関係を横の関係で捉え始めますが，捉えられている人間関係は二者（私とあなた）の関係です。「○○してくれたら，××してあげるよ」，「やられたらやりかえす」というのが典型的です。また「○○ちゃんだけずるい！　ひいきや」というのもこの段階によく見られる発言です。

**第3段階**になると，身近な集団の中での私という視点が生ま

第5章　さまざまな道徳教育

れてきます。そしてその中でどういう役割をとることがいいのかを考えることから,「よい子志向の段階」と呼ばれています。集団の中で望まれる存在になるためにはどうすればいいか,どういう人間関係を築いていけばいいのか,そういった視点から考えることが可能になってきます。

　第3段階までが具体的な人間関係の中で道徳を考えていたのに対して, **第4段階**は社会システムや組織の中でどのように生

| | 段階 | 特徴 | 図式にすると |
|---|---|---|---|
| 前慣習的水準 | 第1段階：罰の回避と服従志向 | 正しさの基準は外部（親や権力を持っている人）にあって,罰せられるか褒められるかが正しさを決定する。 | 親など→私 |
| | 第2段階：ギブアンドテイク道具的互恵主義志向 | 正しいこととは,自分の要求と他人の要求のバランスがとれていることであり,「〜してくれるなら,〜してあげる」といった互恵関係が成立すること。 | 私⇄親など |
| 慣習的水準 | 第3段階：よい子志向 | グループの中で自分がどう見られているのか,どういう行動が期待されるのかが正しさの基準になる。つまりグループの中で期待される行動をとることが正しいことである。 | 私・他人・他人 |
| | 第4段階：法と社会秩序志向 | 個人的な人間関係を離れ,社会生活の中で,あるいは法が治める中で,どのように生きていくか考えることができる。正しさの基準は,社会システムの規範に合致することである。 | 法や社会システム（私・他人・他人） |
| 脱慣習的水準 | 第5段階：社会的契約と法律的指向 | 社会システムの中で生きながら,かつ社会システムの矛盾を見出し,それを包括するような視点を提起できる。 | 私／法や社会システム（他人・他人） |
| | 第6段階：普遍的な道徳 | 正義（公平さ）という普遍的な原理に従うことが正しいことであり,人間としての権利と尊厳が平等に尊重されることが道徳的原理となる。 | 私／法や社会システム（他人・他人） |

きていくべきなのか考えることができることから,「法と社会秩序志向の段階」と呼ばれています。より広い視点,特に法や秩序の観点から正しさを考えることができるようになり,規則やルールを社会秩序を保つために必要なものとみなすようになります。

以上のように道徳性発達段階はまとめられますが,気をつけてほしい点があります。それは発達段階が上だからといって人間的に優れているとか低いから劣っているというような,人間にレッテルを貼るために発達段階があるわけではないということです。効果的な教育的働きかけをするために発達段階は存在するのであって,人間を類別化するためにあるのではないことは肝に銘じておかないといけません。

あと,発達を過度に進めようとしないということもいえます。発達を促す道徳教育なのに,過度に進めないって意外なことと感じるかもしれませんが,発達には**垂直的な発達と水平的な発達**があるんです。段階が変容するのが垂直的な発達であるのに対して,その段階を安定した豊かなものにしていくのが水平的な発達です。まずその段階でしっかりと物事を考えられるようになることが次の段階への準備になります。段階の移行はある日突然目が覚めたら起きているようなものではなく,徐々に起こっていくものと考えられています(下図参照)。

またこの図では表しきれていませんが、たとえば第3段階の思考の様式は、第1段階と第2段階を含みこんでいます。そしていずれ第4段階に含まれていきます。またより高い段階の方が、より道徳的に、より高次の考え方をすることが可能なので、そちらの思考を好むという結果も出ています。

この発達を促進していく手法として開発されたのが、**「仮説ジレンマ」**という方法です。**オープンエンドのジレンマ資料**（結論が書いていない読み物資料）を子どもたちに提示し、子どもたちが主人公はどうするべきなのかをディスカッションし、新しい考え方に触れたりする中で、道徳に対する考え方を発達させようと試みました（詳しくは次節で述べます）。

しかしながら、コールバーグは道徳性に関する思考の形式に着眼するだけでは道徳教育を行うには不十分だと考えるようになります。なぜなら、思考の形式だけではいろいろな「理屈」をつけて悪さをする子どもたちがいたからです。たとえば、ゴミのポイ捨ては悪いことかと考えさせても、ポイ捨てによって清掃員の仕事を確保しているから逆に社会のためになっていると考えることも可能になってくるのです（実際の事例は、薬物などでした。薬を使ってハイになっても個人の嗜好の問題でしょ、迷惑かけてないじゃんという高校生が1970年代のアメリカの高校には多かったんです）。

こういった問題は、当時のアメリカでは切実な問題でした。いやいやこれはまずいだろ、とコールバーグは思ったものの、「道徳的価値を教え込んだり、押し付けたくはないしなぁ、どうしようか」と考えを巡らせた中で出てきたのが、**ジャスト・**

コミュニティ（Just Community）という実践でした。

「公正な共同体」と訳されますが，教師も生徒も一人一票を持った民主的な共同体（実践されたのは主として高校でした。なんと最初に実践されたのは女子刑務所でした！）を運営し，子どもたちが現実に生じている問題を道徳的に解決していく中で，道徳性を発達させようと試みた実践でした。扱われた現実の問題は，人種の軋轢，窃盗，薬物使用，器物破損などです。

先程の薬物の問題は，数年に渡る話し合い（対話）の中で，薬物使用は個人の嗜好の問題ではなく，それによって私たちのコミュニティ，そして人間関係からの断絶を図るものだという理由で禁止されました。

仮説ジレンマディスカッションでは，最終的にクラスとして結論（合意）を出す必要はありませんでしたが，現実の問題を

扱うとなると話しっぱなしでは困ります。コミュニティとしてどう進んでいくのか，結論を出さないといけませんよね。つまり，総意が目指されるような「対話」をしていく必要があるのです。

仮説の物語ではなく，現実に起こっている問題を公正さや公平さという道徳的な観点から扱うということ，自分たちの発言や決定が自分たちにそのまま返ってくるという責任感を持たせること，自分たちがコミュニティを形成していくんだという共同体感覚を身につけていくということ，こういった特徴を持った取り組みの中で，子どもたちの道徳性は発達していきました。もっと詳しくジャスト・コミュニティについて知りたいと思った方は，拙書『学校における対話とコミュニティの形成』（三省堂）を参考にしてください。

学校全体を民主的な共同体にしていくというアイデアは，道徳科の時間枠で道徳を扱うというものとは異なっているといえますが，学校全体での道徳教育，全面主義道徳を考えるときは参考になるかもしれません。

# モラルジレンマ授業

コールバーグが初期に展開した仮設ジレンマ授業をアレンジして、道徳の時間で実践できるようにパッケージ化したのが、荒木紀幸氏を中心とする兵庫教育大学の道徳性発達研究会でした（現在は日本道徳性発達実践学会を中心に研究が進められています）。この道徳教育は**「モラルジレンマ授業」**と呼ばれるもので、特に1980年代後半から90年代に教育現場で大きな影響力を持ちました。モラルジレンマ授業とはどのような授業なのでしょうか。

モラルジレンマとは、オープンエンドの形で構成された道徳的価値葛藤を含む物語です。中には実話を元にした物語もあります。オープンエンドですので、資料の中に結論は描かれていません。

---

「氷河上の決断」のあらすじ

1997年、山岳登山隊はボゴダ峰登頂を目指していた時に事故が発生した。白水ミツ子隊員（29歳・独身）が氷河上でクレバスに転落したのである。直ちに山村隊長をはじめ各隊員が交代でクレバスへの下降を試みた。

しかしクレバスの入り口は幅が狭く、人間がやっと一人通れる程度の大きさしかない上に、上から4mくらい降りたところで屈曲していた。

「大丈夫かあ。」と声をかけると応答はある。「しっかりしろ！」大声で彼女を励ましながら懸命の作業を続けるが、どうしても救出できない。時間だけがどんどん過ぎていく。夕闇が迫り、みんなの顔に焦りの色が浮かんできた。その時、クレバスの中から彼女の叫ぶような声が聞こえた。

「みんなー。わたし、ここで死ぬからぁー！　みんなには奥さんも子どももいるんだからぁー。危ないからぁー。もういいよぉー。」

声が聞こえているのに助けられない。悔しさが全身を貫く。しかしこのまま作業を続けることは、救助隊員にも危険をもたらすことになるのである。

各隊員は隊長の顔を見た。隊長はこのまま救助活動を続けるべきなのか、続けるべきではないのか、大きな苦悩の中にいた。

---

この「氷河上の決断」の資料は、「生命尊重」という価値で

物語が構成されており，最終的に救出活動を継続するべきかどうかの判断を迫られています。授業はこの物語に基づいて展開されていきます。あらすじを読んだだけでも，「どうしたらいいんだろう」と悩みませんか？　この悩むという状況が，先ほど述べた「不均衡な状態」ということになります。

　モラルジレンマ授業は，**一主題二時間**で構成されるのが一般的です。主として１時間目はジレンマ資料を読み解き，どこに道徳的価値葛藤があるのか内容の理解を進めていきます。そして１時間目の終わりに「第一次判断・理由づけカード」に記入をおこないます。教師はこの第一次の理由づけを元に，子どもたちの道徳性の発達段階を把握し，誰と誰の意見が対立しそうなのか，あるいはＡさんの意見を補完しそうな意見は誰なのかなど分析をおこないます。この分析に基づいて，２時間目の授業計画が立てられることになります。

　２時間目は主人公の葛藤場面を思い出し，いよいよディスカッションに入っていきます。モラルジレンマ授業のもっとも核心となる部分です。他人の異なった意見や理由づけに触れることによって，私たちの思考はますます不均衡な状況に追いやられます。このディスカッションの際に大切にしたいのが，それぞれの子どもたちの発達段階よりも少し上の段階の理由づけに触れさせるようにすることです。

　私たちは少し上の段階の考え方の方がよりよく道徳的な問題を解決できるという理由で，その考え方を好む傾向にあります。逆にかけ離れた段階の考え方を私たちは理解できません。会議などで「おっ，その考え方すごいな」と思う時は，たいてい自分が捉えていなかった別次元からの問題提起であったり，解決

方法だったりしますよね。

 少し上の段階の意見に触れさせる方法としては,意図的に子どもを指名して発言させる方法もありますし,発問の形をとって教師が提起する場合もあります。

 このようにこのモラルディスカッションは,ほったらかしで子どもたちが好き勝手に進めていいというわけではありません。教師の意図的な働きかけが必要になってきます。たとえば,道徳性発達研究会は認知的不均衡をもたらす発問として次の三点をあげています(荒木紀幸,1997年)。

 ①より高い段階の考えを引き出す発問
  「どんな場合でも○○しなければならないのだろうか」
 ②役割取得を促す発問
  「もし隊長の奥さんの立場であれば,あるいは白水隊員のお父さんの立場なら,どう考えるだろうか」
 ③行為の結果が他者にどのような影響を及ぼすかを推理する発問
  「見捨てずに救助活動を続けたら,隊員はどうなってしまうだろう」

 このディスカッションを経て,最終的な判断・理由づけを再び記入し,授業は終了します。

 以上がモラルジレンマ授業のおおまかな流れとなりますが,特に2時間目のモラルディスカッションにおいて,教師はいつもとは違う役割を担っています。それは**ファシリテーター(facilitator)** という役割です。子どもたちの思考がより活性化するために反対の意見を紹介したり,別の角度からの問いかけを準備したり,先ほどは触れませんでしたがディスカッシ

ョンが脇道に逸れたときはその方向修正をおこなったりしています。しかし，決して「教えること」（teaching）はおこなっていません。「子どもが学びの主体」とはよくいわれることですが，ファシリテーターとしての教師の役割が，これをもっとも具現化しているのではないでしょうか。

| | 時間 | 学習活動 | 発問と予想される児童（生徒）の反応 | 指導上の留意点 |
|---|---|---|---|---|
| 第一次 | 導入 | 省略 | | |
| | 展開 | 資料を読んで現場の状況を把握し隊長の葛藤状態を理解する。 | ◆登場人物は誰ですか。<br>◆現場はどのような状況ですか。<br>・仲間の隊員がクレバスに転落し，生存している。<br>・救助作業は困難を極めている。<br>・周囲は氷雪に閉ざされており，極めて厳しい自然条件である。<br>・救助できるのは自分たちだけであり，応援を求めることはできない。<br>◆（クレバスの中にいる）白水隊員はどう言いましたか。<br>・「みんなー。わたし，ここで死ぬからぁー！ みんなには奥さんも子どももいるんだからぁー。危ないからぁー。もういいよぉー。」<br>→救助活動の打ち切りを求めている。<br>◆隊長はどのようなことで迷っているのですか。<br>・救助活動を継続すべきか，継続すべきでないかを迷っている。 | ◆通読しながら発問を行い，現場の切迫した状況を明確に把握させる。<br>◆登山隊の孤立した状況を説明し，自分たちだけで全てを判断し，実行しなければならないことを理解させる。<br>◆白水隊員はどのような心境にあるかを考えさせる。<br>◆救助活動を継続すれば，他の隊員にも生命の危険がおよんでくる。かといって，救助活動を打ち切ることは間違いなく白水隊員を見殺しにすることになるということを理解させる。 |
| | 終末 | 第一次の判断・理由づけをする。 | 山中隊長はどのような判断を下すべきですか。<br>A. 救助を継続すべき。<br>B. 救助を継続すべきではない。 | ・十分な時間をとり，詳しく理由づけを書かせる。<br>・机間巡視を行い，生徒からの質問を受ける。 |
| | | ・判断・理由づけカードの内容を整理し，第二次で用いる書き込みカードを作成する。<br>・第二次で用いる発問を再検討する。<br>・第二次での指導計画をつくる。 | | |
| 第二次 | 導入 | 前時の学習を確認する（第一次の復習）。 | ◆隊長はなぜ苦悩しているのだろうか。<br>・目の前のクレバスの中に仲間の隊員が転落しており，生存も確認されているのに救出が困難を極めている。<br>・夕闇が迫ってきており，このまま救助活動を継続すれば他の隊員の生命に危険を及ぼすことになる。 | ◆現場の具体的な状況を再度しっかり把握させた上で登場人物の心情や価値の葛藤について確認させる。 |
| | 展開1 | 自己の判断・理由づけを確認し，他者の判断・理由づけに触れる。 | ◆前時に書いた自分の判断・理由づけを確認しよう。<br>◆友だちの判断・理由づけを見て，同意できる部分，できない部分を考えよう。<br>・救助を「継続すべき」という立場と「継続すべきでない」という立場の両方の判断と理由に触れた上で，自分はどう考えるのかという考察を行わせる。 | ◆各生徒が書いた「判断・理由づけカード」を手元に返却する。<br>◆前時に集めた「判断・理由づけカード」を集約したものを配布する。<br>◆自分と同じ結論であっても，理由づけについての類似点と相違点に注目させる。 |
| | 展開2 | 他者の判断と理由づけに対する質問，賛成意見，反対意見を出し合う。 | ◆自由にディスカッションを行う。 | ◆発表された質問や意見に対しても自由に討論させる。<br>◆自ら発表しにくい生徒にも，前時のカードを読むという形で発表するように促す。 |
| | 終末 | 山中隊長はどう決断すべきかについて再度判断し，理由づけを行う。 | 山中隊長はどのような判断を下すべきですか。<br>A. 救助を継続すべき。<br>B. 救助を継続すべきではない。 | ◆第一次の判断にとらわれないで，自由に判断・理由づけを行うように指導する。 |

# 問題解決的な学習

　新しい学習指導要領において「問題解決的な学習」という言葉が登場し,「専門家会議」では, 質の高い多様な指導方法の一つとして取り上げられました。

　従来の道徳教育は, これまで見てきたように, 道徳的価値内容に主眼が置かれ, その価値そのものを授業で扱ってきました。しかしながら, 近年の文部科学省の教育改革の流れは,「資質・能力」という言葉に表されるように, 知り得た知識をいかにして用いていくかという方向を向いています。道徳教育も当然その流れの中にあり, だからこそ,「考え, 議論する道徳」が提唱されたのです。

　では「問題解決的な学習」とはいったい何でしょう。戦後新教育の中で, 特に社会科の中で盛んに実践された生活単元学習の「問題解決学習」とは異なるのでしょうか。第3章でも述べましたが, 問題解決学習はデューイの経験主義の思想を基盤にしています。問題解決学習とは, 子どもの興味や関心に基づいて, 生活上の問題を主体的に解決していくことで, 思考力や探究力, 問題解決力を伸ばしていこうとする学習方法です。

　でも, 学習指導要領で記載されているのは,「問題解決的な学習」ですよね。この違いを理解するためには, 元文部科学省の教科調査官で現在京都産業大学に勤務している柴原弘志氏の見解が非常に参考になります。柴原氏は道徳科における問題解決的な学習を, ①道徳的な（道徳上の）問題を, ②自己の問題

として捉え，③その解決を目指す学習であり，④道徳科の目標の実現やその時間のねらいの達成に資する学習，とまとめます。

一番の違いは①④です。子どもたちの生活上の問題を扱うのが問題解決学習でした。それに対して道徳的な問題，すなわち道徳的価値に関連する問題として扱い，道徳性の育成をねらっておこなうのが道徳科における問題解決的な学習なのです。

あまり知られてはいませんが，道徳科において問題解決的な学習が取り入れられたことは，これまでの道徳授業の「鉄則」を破ることにつながります。道徳の授業では「方法的な解決の話し合いはしてはならない」というのが暗黙の了解だったからです（実はこれ以外にもいろいろと「鉄則」があります）。なぜなら，解決策を探っていくことによって，道徳的価値がなおざりにされてしまい，結果的に「道徳的価値の自覚」という道徳授業のねらいが達成されないからです。

たとえば，有名な教材「手品師」で考えてみましょう（注1）。手品師は最終的に大きな舞台に立つのではなく，約束をした子どもの前で手品をするという形で物語は終わっています。約束を守るという「誠実さ」という価値について考える授業ですが，これを方法的な解決を探る道徳でやってしまうと，「子どもを連れて大きな舞台へ行く」という解決策が導かれてしまいます（確かに現実的にはそうするのがベストなんだろうけどね）。つまり，なぜ手品師は友人の誘いを断ってまで子どもの前で手品を披露したのか，その想い（道徳的価値）に触れることなく授業が進んでしまうんです。だからタブー視されてきたのです。

だからこそ，問題解決的な学習では，「道徳的な（道徳上の）問題」を「道徳科の目標の実現やその時間のねらいの達成」に

つながるように注意を払っていくことが必要となってきます。先ほどの「手品師」で考えるならば、手品師の想い（誠実さ）、誘ってくれた友人の気持ち（友情）、子どもの想い、手品師として生きていくこれから先のこと（自己実現）など、絡んでくるさまざまな道徳的価値を丁寧に踏まえた上で解決方法を探っていく必要があります。

　さて、具体的な授業方法などについては、岐阜大学の柳沼良太氏が中心となって推進しています。ここでは一般的な問題解決的な学習の授業展開について、『私たちの道徳』に掲載されている「二通の手紙」と照らし合わせながら、簡単に見ていきましょう。

## ①導入：具体的な経験や事例からねらいにせまり、道徳的価値について考える

　授業で取り上げる道徳的価値を日常生活との関わりにおいて捉えさせ、現時点でその価値についてどう考えているのか確認します。たとえばここでなされる発問は、「法や決まりにはどんなものがありますか」、「法や決まりは何のためにあるのだろう」などが考えられます。

## ②展開前段：道徳的問題を把握し解決する

　道徳資料を読む中で解決すべき問題を見つけ、なにが問題になっているのか、対立はどこにあるのか、主人公はなにに悩んでいるのかなど、問題点を明確にします。そして、主人公はどうするか、自分ならどうするか、人間としてどうすべきかなど考える中で、出てきた複数の解決策を吟味します。「二通の手紙」の場合、規則の遵守、子どもたち

だけでは危険であること，弟想いの姉の存在，子どもの親に感謝されたこと，職務違反などの道徳的価値を踏まえて，「元さんはどうすべきだったのか」ということを考えさせます。

③展開後段：問題解決を応用する

自分たちが導いた解決策は，別の道徳的課題でも応用することができるのかシミュレーションしてみたり，役割演技によって解決策を再検討します。「二通の手紙」では，NHKのEテレ「ココロ部！」で放送された「おくれてきた客」（おじいさんとの思い出の絵画を見るためにやってきたおばあさんだが閉館時間を過ぎていたために入館できなかったという話）の映像資料を見せ，条件設定の異なった場合の問題解決のあり方を再び考えます。

④終末：授業の内容をまとめる

学んだ内容を振り返ると共に，今日の解決方法が今後の日常生活で活用可能なのか検討したり，導入で考えた道徳的価値について再び捉え直します。


以上が問題解決的な学習の流れとなります。すでに述べましたが，この学習方法は教師の適切な発問によって，道徳的な問題を解決していきます。モラルジレンマ授業のような二つの価値の対立ではなく，第3の道を探っていくところに，この実践の特徴があるといえるでしょう。この取り組みはまだ始まったばかり。これからますますすばらしい実践記録が紹介されてくることを期待しています。

# モラルスキルトレーニング

 コールバーグは認知発達(思考)をベースに道徳教育を考えましたが,行動の指導をベースにした道徳教育を展開する手法もあります。それは上越教育大学の林泰成氏を中心としたグループが展開する「モラルスキルトレーニング」(MoST)と呼ばれる比較的新しい教育方法です。

 モラルスキルトレーニングはソーシャルスキルトレーニングにヒントを得ています。ソーシャルスキルトレーニングとは,挨拶の仕方や電話の応対の仕方,人にお願い事をする方法など,対人関係のスキルを学んでいく手法です。

 林氏はソーシャルスキルに長けていることが,すなわち道徳性が高いことにはつながらないとしています。なぜなら,高いソーシャルスキルを用いて詐欺を働くなど,人をだますことが可能だからです。そこで,ソーシャルスキルトレーニングを道徳の場面に援用したのがモラルスキルトレーニングなのです。モラルスキルトレーニングは,道徳的価値に基づいた行動をスキルとして子どもたちに身につけさせていくことをねらっています。

 モラルスキルトレーニングが成立するための要件として林氏は2つあげています。それは

 ①具体的な行動の指導になっているということ

 ②道徳教育になっているということ

です。①は道徳的な行動の「型」を教えると言い換えてもいい

かもしれません。友だちと楽しく遊ぶためのモラルスキル，悪口を言われたときのモラルスキル，困っている人を助けるときのモラルスキルなど，その場その場に応じたモラルスキルがありますが，そういった際にどう行動すればいいのかという「型」を子どもたちがロールプレイングなどを通じて学び，徐々に内面化していくことをねらっています。

②に関しては，道徳的な場面に限定したトレーニングであるということであり，モラルスキルトレーニングを通じて道徳性を育成するということを意味しています。

では，モラルスキルトレーニングはどのように進められるのでしょうか（150ページに指導の流れを掲載しています）。

---
1　**資料の提示**：道徳資料を提示する。
2　**ペアインタビュー**：資料の登場人物になってペアでインタビューし合う。
3　**ロールプレイング**：ある場面を実際に演じてみる。
4　**メンタルリハーサル**：別な場面をイメージさせ，その場で自分の行動を考えさせる。
5　**シェアリング**：ロールプレイングの感想を言い合って，よい行動方式を強化し，悪い部分を修正する。
6　**まとめ**：教師が学習のまとめを行う。
---

**ロールプレイング**は「役割演技」と訳されますが，この場合は資料の中の登場人物になりきって演技をするということです。また**メンタルリハーサル**とは，似たような別の場面を想定して，そこでどのように行動すべきなのかイメージトレーニングをすることです。

モラルスキルトレーニングの最大の利点は，具体的な道徳的行動に焦点を当てたところです。考えていてもやらない（あるいはできない）という問題に真正面から取り組んだアプローチであるといえます。

# 構成的グループエンカウンター

 「専門家会議」で質の高い多様な指導方法の一つとして取り上げられているのが,「道徳的行為に関する体験的な学習」です。モラルスキルトレーニングもこれに類するものといえますし,これから紹介する構成的グループエンカウンターもその一つといえます。

 構成的グループエンカウンター(structured group encounter)とは,エンカウンター(出会う)という言葉から連想されるように,人々が思っていること,感じていることを語り合い,それを認め合うという体験に基づいた学びを意味します。明治大学の諸富祥彦氏は「**『心と心のふれあい』による人間育成の方法**」であり,それによって「自己肯定感」と子どもの人間関係の力を育てることを目的としていると説明します(おそらく諸富氏がねらっているのは,浅い自己肯定感ではなく深い自己肯定感だと思います)。

 この「心と心のふれあい」が最大のキーとなります。心,つまり外からは容易に見ることのできない個人の内面が触れ合うことによって構成的グループエンカウンターが成り立ちます。その人のあるがままの姿を認め,そして受け入れる,その姿があってこそ深い自己肯定感に結びついてくるのであって,活動が楽しいという表面的な実践は,「エンカウンターもどき」になってしまうでしょう。そうならないためには,担当するクラスでなぜエンカウンターが必要なのか,何のためにエンカウン

ターを行うのか，その目的意識を授業者がしっかりと持っておく必要があります。

さて，構成的グループエンカウンターの授業は，一般的に次の流れを辿ります。

### 1．ウォーミングアップ

いわゆるアイスブレイク。雰囲気を和ませるようなゲームで，その場の雰囲気をほぐしていきます。

### 2．エクササイズ

実際に道徳的なねらいに基づいた体験学習に取り組んでいきます。道徳的価値を観念的なものではなく，実際の体験を通じて実感することがねらわれています。

### 3．シェアリング

活動したことを通じて，なにに気づいたのか，なにを感じたのかワークシートへの記入を通じて全体へ共有していきます。

道徳でエンカウンターを用いる際の留意点も同時に存在します。道徳の授業は，繰り返し述べているように，道徳的価値を自覚することにあります。つまり，道徳的価値と結びついたねらいが明確にならないと単なる楽しい活動で終わってしまい，子どもたちが道徳科としてなにを学んだのかはっきりしないことにつながります。これは先の「なぜエンカウンターの授業をする必要があるのか」とも結びつきます。**「クラスの実情×道徳的価値の自覚」**，これが明確になって道徳授業として成立します。

ここでは具体的な実践を紹介できませんでしたが，実に多くのエクササイズが存在します。そしてそのどれもが本当に興味深いものです。巻末に文献を載せますので，ぜひとも実践してほしいと思います。

# ワークショップ型

　一般的にワークショップは,**「参加体験型の学び」**と言われています。この意味においては,「道徳的行為に関する体験的な学習」の一つに位置づけられます。実際にものづくりをしたり,即興劇に参加したり,テーマに基づいて話し合いをしたり,私ってなんだろうって考えたり,一方的に聴くというスタイルではなく,参加者が活動に参加することによって,学びを深めていこうとするのがワークショップであるといえます。

　ただ,この定義だと参加体験をしたら学びになるのか,もっと深い意味があるんじゃないのと(ひねくれ者の)私なんかは斜に構えてしまうので,次のように定義し直してみました(実は私,ワークショップを学内外で年間50本くらい実践しているからこそこう思ってしまったのです!)。

　ワークショップとは「一方的な講義形式ではなく,社会的存在としての自己が他者との関わりの中で,所与の目的を達成するために参加体験的な活動を通じて協働的・創造的にアプローチし,『生』を豊かにするプロセス」である!

　あら,逆に難しいですね。すまぬ……。

**「生」を豊かにするプロセス**を簡単にいうと,参加した人の日常が豊かになるような,日々出会う困難を乗り越えていけるような,あるいはあまり意識していなかった事柄に意識的になれるような,そんな視点を参加体験型の学びを通じて提供するのがワークショップということです。ワークショップはこうい

ったニュートラルな目的を持った教育の手法の一つとして捉えてもらえればいいかと思います。つまり，ワークショップそのものは学びの手法の一つですので，ワークショップを主催する人によって，目的をいかようにも変えることが可能だということです（だから「洗脳」に用いられることもあります！）。

これを道徳の授業に応用するなら，どうなるでしょうか。もうすでにお気づきだとは思いますが，「道徳的価値の自覚」に結びつけることによって，ワークショップ型の授業も道徳の授業の一つに位置づけることが可能になってきます。

そもそも，私の定義が「生を豊かにする」とあるので，「よりよく生きる」という道徳教育のねらいそのものと大きくずれるわけではありませんが，道徳科の中で実践するとなると，やはり道徳的価値は意識しないと，ワークショップは他の体験的な活動と同様に，活動ありきの単なる「楽しかった活動」になってしまう可能性を秘めています。そうならないためにも，授業のねらい，なにを考えてもらうのかということは明確に設定しておく必要があります。

また，ワークショップで授業を展開していくためには，教師は多くを語らないという覚悟が必要になってきます。ワークショップには「教える人＝教師」は存在しません。そこに存在するのは，参加者とファシリテーターです。つまり教師はファシリテーターに徹する必要が出てきます。

モラルジレンマ授業の箇所で簡単に述べましたが，ファシリテーターとは，参加者の思考や気づきを促していく（もっといえば「意味ある悩み」を助長していく）存在であって，なにかを教えていく存在ではありません。話の交通整理をしたり，「そ

れってどういうこと？」とさらなる思考を促したり、新しい視点を提示したりして、「それってどういう意味？」、「この場合はどう？」と提示するのがファシリテーターの役目です（ただし、これには即興的に応じる場面が多々あるので、実践が難しいところもあります）。

ではワークショップ型の道徳の授業は、どのように進んでいくのでしょうか？ワークショップには、これといった「型」が明確に存在するわけではないので提示しにくいのですが、たとえばワークショップに関する書籍を多数著している堀公俊氏などは5つの特徴を示しています。それは**「参加」「体験」「協働」「創造」「学習」**です。自分が実践してみようとするワークショップにこれらの特徴が含まれているかが一つの判断材料になると思います。

また、ワークショップには少なくとも3つのパターンがあると私は捉えています（表1）。ワークショップの流れがある程度設定されていて、落とし所がはっきりとしているものを**ワークショップ1.0**、導入の部分は明確だけど、結果として何を学ぶのかは参加者に委ねられているものを**ワークショップ2.0**、

---

ワークショップ1.0……ねらいが明確で、ワークショップの流れが明確である程度パッケージ化することが可能なスタイル。（「世界がもし100人の村だったら」、「貿易ゲーム」など）
ワークショップ2.0……ねらいは明確であるが、結果として生まれてくるものが事前には予想しにくいワークショップ。（ワールドカフェ、まちづくり系ワークショップ、アート系ワークショップなど）
ワークショップ3.0……参加者の問いによってワークショップが始まる非常に即興性の高いスタイル。（オープンスペーステクノロジーなど）

表1　ワークショップの分類（荒木2016）

その場の参加者の問いに応じて即興的に展開する**ワークショップが3.0**と分類できます。

道徳の授業で一番適応しやすいのは、おそらく1.0（慣れている人であればどのパターンでもいけるかな）の形式だと思います。特に「道徳的価値の自覚」を焦点化できるという点においては1.0のパターンがもっともやりやすいでしょう。

そこで本節では、「生命の尊重」という道徳的価値に基づいた「人間関係相関図」を紹介します。対象は中学生を考えていますが、ワークシートのつくりかたや発問などを工夫すれば、小学校高学年でも実施は可能だと思います。また、ワークショップの導入においては、一般的に「チェックイン」あるいはアイスブレイクのように、どのような参加者がこの場にいるのか確認を兼ねたアクティビティがおこなわれますが、ここでは省略しています。

### 1．導入：ワークシートへの記入（図参照）

ワークシートを配布し、関係の強い人ほど太い線、関係性のあまりない人は細い線（あるいは点線や無線など）で

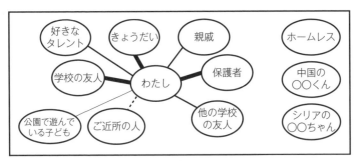

**図1　人間関係相関図ワークシートの一例**

結び，ワークシートの相関をつくっていきましょう。

2．展開前段：その人とどういう関係にあるか，矢印を記入

　この人とは関係性が強いな，あるいはこの人は一方的に知っているだけで関係性はあまりないなということを，矢印を用いてワークシートに書き込んでいきます。

　矢印の書き込みが終わったら，次の指示をおこないます。「相関図の人物の中で，亡くなったり，その人が傷つけられたり，バカにされたりすると，自分自身嫌な気持ちになるのは誰ですか？　赤色でその人物に丸をつけましょう。」

　丸印が記入された後，次の問いを子どもに提示します。「お互いの相関図を見て，いま赤色で印をつけられた人は，あなたにとってどんな存在ですか？　なぜ他の人との差異が生まれたのでしょう？」この問いをもとにグループで話し合いをおこないます。

3．展開後段：道徳的価値について自分の前提を疑う

　「実はこの相関図は，あなたにとって『〇〇』を表しています。この『〇〇』に入る言葉は何でしょうか？」これがこの授業（ワークショップ）の中心発問になります。この問いに基づいて，「〇〇」に入る言葉を考え，一定の時間が経てばグループ，あるいは全体で共有していきます。

　出てくる子どものアイデアとしては，「大切な人」，「時間を共有した人」，「私の歴史に関わってきた人」などがあげられるでしょう。

　さまざまな意見が出てきた後に，これらの意見を総括する一言として「人間」を提示します。「あなたが『人間』

として認めている人がそこには現れています。」

## 4．終末：補助発問（ゆさぶりをかける）

「おそらく赤で○をつけた人は，あなたにとって大切な『人間』ですよね。」と語りかけます。その後，以下のように語りかけます。

「人間の生命の価値は世界共通の価値だと信じて疑わない人もいます。そして，そのように一般的には捉えられています。でも実際は戦争などによって大切にされていないことが多々ありますね。実は私たちは，みなさんのつくった図からもわかるように，大切な命とそう思っていない命とを無意識に『線引き』をしているかもしれません」という説明の後に，次のように発問をおこないます（注2）。

「本当の意味で生命を大切にするとは，どういうことなのでしょうか？」

これについての考えをワークシートに書き込みます。

以上が道徳の授業において，ワークショップ型の授業を取り入れる一つの形といえます。ワークショップの本質は，それを受けている参加者の「生を豊かにすること」，つまりよりよい生き方に寄与することにあります。今回例示した以外にも，さまざまな道徳教育の目的意識に基づいた実践が多数あってしかるべきだと考えています。今後たくさんの実践が生まれてくることを期待しています。

# 対話への道徳教育

　いよいよ最後になりました。ここまでは私自身の主義や主張をできるだけ隅っこにおいて（「できるだけ」なので，ちょこちょこは出てきていますけどね），道徳の授業を実施するための理論と方法を述べてきました。が，ここからはこれからの道徳教育のあり方を，ほんの少しですが考えてみたいと思います。

　私自身，コールバーグのジャスト・コミュニティの研究をおこなってきました。そこでは，子どもたちがリアルな現実の問題を道徳的な視点から扱い，「私たちはどうすればよいのか」という解決を探っていく中で道徳教育がおこなわれていました。そして，この実践を支えていたのが対話でした。

　対話については，すでに第3章でも述べましたが，言葉を交わしている両者の中に「新しい意味」が生まれてくること，それが対話です。ブラジルの教育学者**フレイレ（P. Freire）**は対話を水平的な関係とした上で，「愛，希望，相互信頼によって結ばれるとき，（対話を行う）両者は共同して批判的探究へ向かうことが可能になる。真の交流をつくりだすのは，対話だけである」と述べています。つまり対話とは，お互いを尊重するという人間関係がベースとなって，ともに批判的探究をおこなっていく，それによってこれまでは知らなかった新しい意味や物事の考え方（かっこよくいえば「新たな認識の地平」）に辿り着くことを意味しています。

　このように捉えられる対話は，話し合いや議論とはちょっと

重みが違います。話し合いや議論はコミュニケーションの形態を表現した言葉ですが，対話はそもそもの人間のあり方，自己と他者の尊重，自分の考え方や社会のあり方の前提を問うという批判的な態度，新しい考え方の獲得といったさまざまな意味を含んでいます。そしてこういった対話が学校の中に溢れてくることそのものが，非常に道徳的であると考えています。

対話を通じて，その場にいるメンバーにとっての「最適解」や「最善解」を探究していくこと，そしてその探究の過程において，「私」は，そして「私たち」はどう生きていくのかという共同体感覚（私たちがコミュニティを形成しているんだという感覚）が育まれていくのです。

この共同体感覚は，自分たちだけで固まって周りの世界を閉ざすという感覚ではありません。「自分のクラス最高！」というような「クラス至上主義」でもありません。自他の尊重がベースにあるので，自分の所属しているコミュニティと同様に他者が所属しているコミュニティも尊重することにつながってきます。

おそらく世界で生じているさまざまな問題の背後には，自分たちこそ正義で他は間違っているという，歪んだ共同体感覚があるように思います。自分たちのコミュニティに誇りを持ち，他のコミュニティを尊重する，その上で両者が同じ地平に立てるような調和点を探究していくことが求められています。

対話への道徳教育を私が考えるのは，このような地球規模の問題をいかにすれば平和に解決できるかという視点に立っているからです。その解決の糸口が，特に学校教育全体として取り組む道徳教育にあるのではないかと考えています。

## COLUMN
## 学級通信のミニ道徳―すぐそばにある「道徳」―

　先日，学校の道徳公開授業をしました。道徳の公開授業は初めてで，手応えはイマイチ。苦い体験でした。思うに，肩肘張って「道徳をやってやろう」という気が強すぎて，生徒と一緒に考えるということを見失っていたように思います。

　自分の心の奥底から伝えたいことをいっしょに読んだり話し合ったりするのが，僕の理想の道徳の授業です。

　そういう視点で考えていくと，僕が毎週やっている道徳があります。週１回で刊行している学級通信です。僕は写真や生徒の作品などはあまり載せません。誌面のほとんどは自分が考えていることです。

　そして，それをいつも読み聞かせます。読み聞かせることで，生徒たちは僕の言葉として改めて受け取れるようなのです。読み聞かせたあとに話をするので，終学活の「ミニ道徳」というところです。

　僕の友人にお寺の息子さんがいるのですが，彼いわく「お坊さんの修行で一番厳しいのは掃除なんだよ」とのこと。たとえばこんなことを，クラス開きの間もない時期に通信に載せて話します。

　現在シリーズで書いているのは「友人論」です。友だちは多いほうが良いのか。親友ってどんなことをいうのか。生徒たちの日頃の様子を見ていて感じることを率直に綴り，それを週末に子どもたちに投げかけています。

　「道徳の時間」でないと話せないことがあります。一般の教科ではなかなかできません。かつての僕もそうだったのですが，道徳というと聖人君子でないとできない教科というイメージを持ちが

ちです。

　しかし実はそうではなくて、同じ読み物であってもその人のカラーが色濃く出るのが道徳です。言い換えればこちらが発信したいこと、すべきことがあれば、きちんと伝わります。

　一方で、いくら良い教材であっても発信する側が「自分の中に落ちたもの」でないと生徒には届きません。

　そう思えば、身の回りにある自分のアンテナに引っかかったものが全て素材になります。あとはそれをどう生徒に伝えていきたいか、ということを真摯に、愚直に考えるだけです。

　かつてこんなことを話題にしたことがあります。

　「下を向いて歩こう」。廊下を歩いているときに、誰かに踏まれたてんとう虫がいました。まだ生きていたので、そっと別のところによけてやりました。

　受験で忙しい3年生を受け持っていた僕は「ちょっと心に余裕があればてんとう虫はちゃんと気づいてもらえて、踏まれずに済んだかもしれないよね」という通信を書きました。

　「命」の話もできるし、「視点を変えれば発見がある」という話もできるのです。

　「生徒に話したいな」ということのストックが、持っていきようで教材になります。

　ウチのクラスは学級通信を通して、いろんなことを一緒に考えています。クラス全員ではなく、届けたい誰かを考えて発信することもあります。生徒は先生の話が好きです。この積み重ねで、僕は日々生徒の心に訴えかけています。

　　　　　　　　　　　　　大阪市立上町中学校　　杉本直樹

**モラルスキルトレーニング指導案**

| | 学習活動・内容 | 生徒の活動 | 備考 |
|---|---|---|---|
| 導入 | ①資料を紹介する<br>親切にされた経験を紹介する | ・他人に親切にされた場面を想起し，そのときのお互いの気持ちについて考える。 | ・事前にアンケートを採ってもよい。 |
| 展開前半 | ②資料　前半を読む<br>③ペアインタビュー<br>「学生」「おばあさん」の役になって質問し合う<br>④学習課題を確認する<br>どういう状況か把握する<br>⑤ロールプレイング1<br>学習課題の場面を再現する<br>⑥資料の後半を読む<br>⑦スキルの確認をする | ・静かに聞く。<br>・内容について質問し合う。<br>(例) いつも来てくれるのはなぜ？一人暮らしは寂しくないの？<br>・学生の心情，おばあさんの心情を考える。<br>・学生とおばあさんが会話する場面を再現する。<br>(例) おばあさんに声をかける。おばあさんが応える。<br>・静かに聞く。 | ・資料を配付する。<br>・ペアの役割は列ごとに指定する。<br><br>・ワークシートを配布する。<br>・ペアの役割は列ごとに指定する。<br>〇役割を決めて再現できたか（観察）。<br>・資料を配付する。 |
| 展開後半 | ⑧メンタルリハーサル<br>補助資料により日常生活を想起する<br>⑨ロールプレイング2<br>メンタルリハーサルでの日常場面を再現する | ・日常生活を想起する。<br><br>・補助資料を再現する。 | ・補助資料を読み上げる。<br>・話し合いで役割を決めさせる。<br>〇互いの行為に共感できたか（観察）。 |
| 終末 | ⑩シェアリング<br>⑪学習のまとめ | ・感想を聞き合う。<br>・ワークシートに記入する。 | ・気づきを大切にする。<br>・意図的に指名する。 |

（注1）
「手品師」のあらすじ
あるところに腕がいいが売れない手品師がいました。その手品師はいつか大きな舞台に立つことが夢でした。ある日寂しそうな少年の前で手品を披露すると少年は元気になりました。「明日もまた見せてくれる？」と少年にお願いされ，手品をする約束をしました。その日の夜に友人から連絡が入り，明日大舞台で手品をしないかと誘われます。手品師は悩んだ結果友人の誘いを断り，翌日たった一人の少年の前で手品を披露しました。

（注2）
この命の線引きについて医師の岩田健太郎氏は次のように表現している。「命の価値は等しく等価かもしれないが，人にはそうは認識できない。僕ら（普通の人間）にとって，命は等価ではない。命は時間的，空間的，そして情的な『距離』が離れていくと目減りしていく。」

# おわりに

　最後までお読みくださりありがとうございます。いかがだったでしょうか？　ちょっと道徳の授業をやってみようかな，なんて気持ちになってきましたか？　そこまでいかないとしても，これまで抱いていた道徳教育に対するアレルギーのような先入観は少しでも軽減されたでしょうか？　あるいは，道徳って意外にクリエイティブなことをするんだ，なんてポジティブに思ってくだされればとても嬉しいです。

　ちょうど「おわりに」を書いているときに，アメリカでは選挙の結果，新しい大統領が誕生することになりました。少し前にはイギリスがEUから離脱することが国民投票の結果決まりました。多様性（ダイバシティ）という価値がようやく広まりつつある中で，多様性よりもまずは国内の文化や産業を守るべきだとするエスノセントリズム（自民族中心主義）にも似た力が，アメリカやヨーロッパだけではなく世界的に強まってきているような気がします。そしてこのような傾向は，私たちの身近なところにも起こりつつあるような気がしています。

　たとえば，関西のある地域のマンションでは「あいさつ禁止」というルールが誕生したそうです。子どもには知らない人に声をかけられたら逃げるように教えているので，マンション内ではあいさつ禁止にしましょうというのが事の発端だとか。

　たしかに，世の中では相手の親切心を逆手にとって犯罪に及

ぶケースが後を絶ちません。力の弱い子どもや女性がその被害者になることも多々あります。本当に許せない事態です。

そのような状況から我が身を守るためには、知らない人とは関わらない方がいいという理屈が成り立ちます。今では、本当に道に迷って道を尋ねただけなのに通報され、不審者情報としてネットに出回ることも珍しくなくなりました。マンション内での「あいさつ禁止」はそういう理由の元で成立したのでしょう。何かの事件が起こってからでは遅いですもんね。

ここで、第1章で書いた「道徳の起源」の箇所を思い出してほしいと思います。人間の根本にあるのは生存欲求であるということ、そして生き延びるためには個人よりも集団の方が生き延びる確率が高くなるということ。

また第3章の国際理解の箇所や、第5章の最後に書いたことも思い出してほしいと思います。つまり、「私たち」という集団の凝集性が強くなればなるほど、他の集団との壁が高くなり、対立や衝突が起こりやすくなるということです。

ここから先ほど述べた事柄について、二つのことがいえると思います。

まず一つ目。

誰しも犯罪に遭いたくはないですし、安心・安全に生きようとする根本的な欲求を持っています。その目的を達成するために、より小さい集団である「知っている身内」で固まろうとすることは、集団を分断し、細分化していくということにつながります。実は、先ほどの「あいさつ禁止」というルールは、集団の規模をより小さくしてしまうために、かえって身の危険を増幅させる結果につながる可能性もあるのです（そう考えると、

先人から伝えられてきた「あいさつをしましょう」という規範は、そうすることの方が集団の規模が大きくなり、私たちの身を守るためには都合がいいという解釈も成り立ちますね)。

二つ目は、周りから分断された「私たち集団」は、自分たちとは異なる集団を排他的に追いやる一方で、似たような思想で固まり始めます。そうです、私とあなたは違うんだという差異を強調し、排他的に追いやるということがベースとなった集団形成がますます加速します。多様性をベースとした集団形成とは似ても似つかない集団です。そして、こういった差異と排他に基づいた集団(共同体)形成がいま世界で起こっているといえます。結果的に何が生じるのでしょうか？　おそらくは、より大きな国家規模での分断でしょう。

ここではマンション内でのルールを一つの例として考えてみましたが、身の回りの人間関係を私たちがどのように捉えるか(排他的なのか多様性を重視するのか)ということが、地球の将来形成につながってくるように思えてなりません(私だけかもしれませんけどね)。でも、道徳教育を真剣に考えるということは、こういうところにつながってくるんじゃないかなと私は考えています。それが「よりよく生きる」とは何かという壮大な問いに関係してくると思っています。

さて、本書を書くきっかけをくださったのが、「ゼロから学べるシリーズ」を執筆している小学校教諭の長瀬拓也先生です。こういった類の本を書いてみたいなぁと思っていたところに、執筆のお話をいただきました。本当にありがとうございます。

執筆にあたっては、大学で私の授業を履修している学生にも

いろいろとアイデアをいただきました。こんなことが知りたい，この項目も入れてほしい，そんな声を反映させながら本書は完成しました。

　また本書では，現職の先生にコラムを執筆していただきました。いずれの先生も，道徳の授業に限らず，すばらしい実践をされている先生方で，いつも多くのことを学ばせていただいています。

　明治図書出版の林　知里さんには大変お世話になりました。「どちらかでアドラー心理学を学ばれたんですか？」といわんばかりの勇気づけと励ましの言葉で，とても気持ちよく執筆させていただきました。本当にありがとうございます。

　最後になりましたが，いつも帰りが遅い私を温かく見守ってくれる妻と二人の娘にも海より深く感謝しています。またゆっくりと遊びにいきましょう。

　　　　　　　　　　　　　　　　2016年11月　秋空の京都で
　　　　　　　　　　　　　　　　　　　　　　荒木寿友

# 参考文献

## ■第1章
- 荒木寿友『道徳教育には教師の「高い人間性」が必要か』『初等教育資料11月号』東洋館出版社，2016年
- 勝部真長『道徳指導の基礎理論』日本教図，1967年
- 金井良太『脳に刻まれたモラルの起源：人はなぜ善を求めるのか（岩波科学ライブラリー）』岩波書店，2013年
- 郷原信郎『思考停止社会：「遵守」に蝕まれる日本』講談社現代新書，2009年
- 佐野安仁，荒木紀幸編著『道徳教育の視点』晃洋書房，1990年
- 柴田義松編著『道徳の指導』学文社，2002年
- 東京学芸大学「総合的道徳教育プログラム」推進プロジェクト企画ミーティング『過去の道徳授業の印象に関する調査：教職科目「道徳の指導法」の受講学生を対象として』〈結果報告書〉2014年
- 文部省『学制百年史』ぎょうせい，1972年
- 八木公生『天皇と日本の近代　下巻「教育勅語」の思想』講談社現代新書，2001年
- 行安茂，廣川正昭編『戦後道徳教育を築いた人々と21世紀の課題』教育出版，2012年
- C. ボーム著，斉藤隆央訳『モラルの起源』白揚社，2014年
- J. ハイト，髙橋洋訳『社会はなぜ左と右にわかれるのか：対立を超えるための道徳性心理学』紀伊國屋書店，2014年

## ■第2章
- 京都市立七条第三小学校『平成27年度研究発表会資料集』2016年
- 松下良平『知ることの力：心情主義の道徳教育を超えて』勁草書房，2002年
- 松下良平『道徳教育はホントに道徳的か？：「生きづらさ」の背景を探る』日本図書センター，2011年
- C. ギリガン著，岩男寿美子訳『もうひとつの声：男女の道徳観のちがいと女性のアイデンティティ』川島書店，1986年
- L. コールバーグ著，岩佐信道訳『道徳性の発達と道徳教育』麗澤大学出版会，1987年
- M. メイヤロフ著，田村真訳『ケアの本質：生きることの意味』ゆみる出版，1987年
- N. ノディングス著，立山善康ら訳『ケアリング：倫理と道徳の教育　女性の観点から』晃洋書房，1997年

■第3章

- 荒木寿友「シティズンシップの育成における対話と自己肯定感：『特別の教科　道徳』と国際理解教育の相違を手がかりに」『国際理解教育』22号，日本国際理解教育学会編，2016年
- 荒木寿友「道徳教育における対話理論」金光靖樹，佐藤光友編著『やさしく学ぶ道徳教育』ミネルヴァ書房，2016年
- 教育課程研究会編著『「アクティブ・ラーニング」を考える』東洋館出版社，2016年
- 国立青少年教育振興機構『高校生の生活と意識に関する調査報告書』2015年
- 小関一也「多元性・多層性から読み解くグローバル・シティズンシップ：『グローバルなものの見方』を基軸として」『国際理解教育』17号，日本国際理解教育学会編，2011年
- 清水毅四郎「いま，なぜ問題解決学習なのか」『戦後教育方法研究を問い直す』日本教育方法学会編，明治図書，1995年
- 高垣忠一郎『生きづらい時代と自己肯定感：「自分が自分であって大丈夫」って？』新日本出版社，2015年
- 竹内和雄『家庭や学級で語り合うスマホ時代のリスクとスキル：スマホの先の不幸をブロックするために』北大路書房，2014年
- 田中智志「報告3「主体的な学びとは何か」』京都大学高等教育研究第19号，2013年
- 中央教育審議会答申『新たな未来を築くための大学教育の質的転換に向けて』2012年
- 内閣府『我が国と諸外国の若者の意識に関する調査』2013年
- 中野民夫，堀公俊『対話する力：ファシリテーター23の問い』日本経済新聞出版社，2009年
- 松下佳代，京都大学高等教育研究開発推進センター編著『ディープ・アクティブラーニング』勁草書房，2015年
- 諸富祥彦『「問題解決学習」と心理学的「体験学習」による新しい道徳授業』図書文化，2015年
- 柳沼良太『問題解決的な学習で創る道徳授業超入門』明治図書，2016年
- ユニセフ・イノチェンティ研究所（UNICEF Innocenti Research Centre）Child Poverty in Perspective: An Overview of Child Well-being in Rich Countries，（ユニセフ『先進国における子どもの幸せ』2010年）2007年
- D. ボーム著，金井真弓訳『ダイアローグ：対立から共生へ，議論から対話へ』英治出版，2007年
- J. S. ブルーナー著，鈴木祥蔵，佐藤三郎訳『教育の過程』岩波書店，1963年
- L. M. スペンサー，S. M. スペンサー著，梅津祐良ら訳『コンピテンシー・マネジメントの展開［完訳版］』生産性出版，2011年